あなたの会社は必ず黒字化できる！

社長のための「儲けを出す」50の心得

日野上達也

ダイヤモンド社

はじめに

経営とは「後ろ向きでボートを漕ぐようなもの」です。経営者は、強い意志で目的地まで漕ぎ続けなければなりません。

この本は、赤字に苦しんでおられる中小企業の社長さん、そして「赤字でも仕方がない」とあきらめておられる社長さんのために書いた本です。

日本では、中小企業の6割以上が赤字経営です。

中小企業の会計や経営をアドバイスする私の立場からすると、非常に残念なことです。しかし、これが現実なのです。

東京・新宿で紀州備長炭を商う「紀伊國屋」の跡取りとして生まれた田辺茂一氏は、10歳の頃、父親に連れられて入った丸善で洋書に魅せられ、家業の炭商を継がずに22歳で紀伊國屋書店を創業しました。その成功は言うまでもありませんが、亡くなられる少し前にラジオ番組に出演した際、インタビュアーから「炭屋の片隅で始めた本屋が日本一の書店になるような、そんな時代というのは、もう来ないんでしょうね」と質問されたことに対して、「何でも時代のせいにしていりゃあ、そりゃあラクだわな」と返したそうです。

経営の神様、松下幸之助氏も「商人に好不況は関係ない。いずれにしても儲けなければならない」と語っています。

改めて言うまでもありませんが、会社は「儲けてナンボ」の存在です。

その目的が、経営者の利益のためであれ、従業員の幸せであれ、地域や社会への還元であれ、儲けを出さないことには会社は成り立ちません。

けれども、そんなことは重々わかっているのに、赤字から抜け出せない中小企業が何と多いことか。

原因はさまざまですが、その根底にあるのは、経営者の「やる気」のなさと「考え方」の間違いではないかと、私は思っています。

6割以上が赤字ということは、向こう三軒両隣（計5軒）の中小企業のうち、3、4軒は赤字ということです。

この現実を見て、

「隣近所がほとんど赤字やったら、ウチが赤字でもしゃあない。なかなか黒字にはでけへん」

と、あきらめてしまう経営者があまりにも多いことが大きな問題なのです。

子どものころ、動物園の象を見て不思議に思ったことはありませんか？

あの大きな象と子象が、小さな杭に同じ太さの鎖でつながれているのです。

大人の象には、子象よりもっと太い頑丈な鎖をつけるべきではないでしょうか？

大人の象だったら、その気になれば苦もなく杭を引き抜くことだってできるでしょうし、また鎖だって切ることもできるはずです。

じつは大人の象は、自由になるためにがんばることを忘れてしまったそうなのです。かつて、子象だった頃にどんなにがんばっても自由になれないと思い知らされ、もうがんばることをあきらめてしまったそうです。

会社の経営も同じです。儲からないからと、鎖につながれたままではなかなか前へは進めません。絶え間なく鎖を引っ張っている子象を見習わなければなりません。


私は、大阪市平野区で父の代から続く税理士法人の代表を務めています。

税務や会計を行ない、経営をアドバイスしている顧問先の中小企業は300社ほどありますが、そのうちの9割は黒字経営を実現しています。

顧問先の大部分は、どこにでもあるような町工場や飲食・サービス業といった小さな会社ばかりです。特別に稼いでいる会社だけを選んでいるわけではありません。

むしろ、顧問契約を結んだ時点では赤字で苦しんでいた会社だったのが、経営者の「やる気」と工夫によって黒字化を果たしたケースがほとんどです。

経営者が〝負け犬根性〟をなくし、本気で黒字化を目指したいと思えば、必ず結果は表われます。私はそう確信しています。

本書では、経営者の方々に「やる気」を出してもらうとともに、私のこれまでの経験に基づいて、赤字経営から脱却するためのヒントをわかりやすく紹介しています。顧問先の9割を黒字にした〝変革〟のエッセンスが凝縮されています。

第1章では、「赤字経営がいけない理由」や、赤字をなくすために「してもいいこと」と「してはいけないこと」などについて詳しく述べています。

続く第2章では「赤字から抜け出す」14の心構え、第3章では、余分な費用を抑えるための「お金の出入り」12の心得、第4章では、債務超過を回避するための「お金の貸し借り」6の注意点、第5章では、「会社を伸ばす」18のポイントについて書きました。

この本を読んで、ひとりでも多くの社長さんに「やる気」を持っていただき、黒字の中小企業が増えることを願ってやみません。

目次

第3章 「お金の出入り」12の心得

第4章 「お金の貸し借り」6の注意点

第5章 「会社を伸ばす」18のポイント 143

第1章

社長！「中小企業は赤字でも仕方がない」と思っていませんか？

日本から「赤字」という言葉をなくしたい

中小企業ががんばらないと、日本は元気になれない

最近、新聞を読んでいると、何やら景気のいい話が増えてきた——。

そう感じたことはありませんか?

日本の上場企業の2018年3月期業績は、過去最高益を記録したそうです。

とくに、一時は毎年何千億円も赤字を出し続けていたソニーが、じつに20年ぶりに営業最高益を更新したというニュースは、長らく沈んでいた日本経済が、ようやく復活を遂げようとしている動きを象徴しているかのようで、思わず元気づけられたという人も多いのではないでしょうか。

たしかに、リーマンショックが発生し、世界中が未曾有の金融危機にさらされた10年前と比べると、日本の経済状況は確実によくなっています。

日本の上場企業は、不採算事業をどんどん切り離し、経営の効率化や生産改善など

を推し進めることによって、〝稼げる体質〟に生まれ変わりつつあります。

しかし、それはあくまでも、「日本経済」という巨大なピラミッドの頂点だけの話。中小企業を見ると、残念ながら、元気どころか、長年積もりに積もった赤字に苦しんでいる会社が多いのが実情です。

日本の会社の数は約500万社（個人事業主を含む）。そのうち9割以上が中小企業です。上場企業の数は約3600社に過ぎませんから、どんなに規模が大きくても、大復活を遂げたとしても、日本経済全体に与えるインパクトはそう大きくありません。圧倒的多数を占める中小企業がもっとがんばらないと、日本は元気になれないのです。

しかし残念ながら、日本の中小企業にはあまり元気がありません。

なぜ、元気がないのか？

理由はいたって簡単で、多くの中小企業には「お金がない」からです。

稼げない
稼いでもお金が残らない

お金がないから、次の一手が打てない
赤字がどんどん積み上がって、身動きが取れなくなる

そんな悪循環に陥っている中小企業の何と多いことか。

会社とは、お金を稼ぐための存在です。その目的が社長自身の生活のためであれ、社員のためであれ、世の中に還元するためであれ、稼ぐという機能を失った時点で、会社は存在の意義そのものを失ってしまいます。

つまり、「赤字」という結果は、本来あってはならない結果なのです。

赤字企業は、必ず黒字化できる

私は、父の代から続く税理士法人の代表として、数多くの中小企業の税務や会計業務をお手伝いしてきました。

父が個人事務所として創業した年から数えると、2018年7月でちょうど50周年を迎えました。

この間、数え切れないほどの中小企業の経営者の方々と向き合い、赤字に苦しんで

おられる企業の黒字化をお手伝いしてきました。

私が代表を務める税理士法人では、顧問先の約9割が毎年のように黒字決算を実現しています。しかもその大部分が、いわゆる中小企業です。

この結果から、私はひとつの信念を持つようになりました。それは、

どんなに赤字続きの中小企業でも、必ず黒字化できる

ということです。

当法人がお付き合いをしている中小企業の中にも、毎年のように赤字を出している企業はいくつもありました。

けれども、当法人が経営のこと、お金の出入りの管理のこと、税金のことなど、ポイントを押さえたアドバイスを提供することによって、大部分の企業が黒字化を果たしています。

大切なのは、社長が「黒字化したい」という強い意志を持ってやるべきことをしっかりやれるかどうか、ということです。

中には、「ウチはこのままで構わない」と思っている社長さんもいらっしゃること

でしょう。

節税のためには赤字決算のほうがいいと考え、費用をかさ上げした税務申告書づくりを税理士に求める経営者も少なくはありません。

しかし、当法人では「黒字の税務申告書でなければ、ハンコ（担当税理士の押印）はつかない」ということを宣言しています。

もちろん依頼主によっては、会社の再建途中とか、思わぬ貸し倒れが発生したといった特別な事情があるので、すべての赤字申告をはねつけるわけではありませんが、原則として、黒字以外の申告は受けつけないことにしています。

「赤字」はあってはならないという信念を、経営者にしっかりと持って、実際の行動で黒字化を果たしていただきたいと願っているからです。

税金を納めるのが嫌で、決算を赤字にするという考え方は本末転倒です。

なぜなら、一度出した赤字は、その後2、3年黒字を続けても埋まらないことが珍しくないからです。ましてや、毎年のように赤字を出し続けると、会社の存続そのものが危うくなってしまいます。

私は、会社とは長く存続させるべき存在であり、税金は存続のための必要経費であると考えています。

近江商人の言葉に「商売は牛のよだれ」というものがあります。

この言葉の意味どおり、商売は「細く長く続けていくこと」が大切です。

黒字化を実現して、納めるべき税金をしっかりと納めることは、商売を細く長く続けていくために欠かせません。経営者にとっての義務と言ってもいいでしょう。

黒字以外の税務申告書にハンコをつかないというのは、そうした覚悟を持って経営に臨んでいただきたいという思いがあるからです。

日本の中小企業の3分の2は赤字

しかし残念なことに、日本の中小企業の現状を見ると、赤字に陥っている企業が黒字企業を大幅に上回っていることがわかります。

【図1】は、国税庁が発表した「利益計上法人数と欠損法人数の推移」です。

2016(平成28)年度を見ると、法人数全体に占める欠損法人(赤字企業)の割合は63・5%。じつに、6割以上の会社が赤字なのです。

日本の会社の9割以上は中小企業ですから、「中小企業の約3分の2は赤字である」と見ることができます。

過去にさかのぼってみると、２０１６年度までの10年間で最も欠損法人の割合が高かったのは、２００９（平成21）～２０１０（平成22）年度の72・８％でした。

このときは、２００８年にリーマンショックが発生した影響で、中小企業だけでなく、大企業でも数多くの会社が赤字を計上しました。それから10年以上が経過し、日本経済は順調に復活してきましたが、いまだに約３分の２の会社は赤字を抱えているのです。その大部分が中小企業であろうことは、疑う余地がありません。


多くの中小企業が赤字から抜け出せない理由は、いくつか考えられます。

税金を納めたくないので、わざと赤字にしている会社が多いことも理由のひとつでしょう。先ほども述べたように、これは本末転倒以外の何ものでもありません。

その一方で、「黒字にしたいけれど、なかなかできない」と苦しんでいる会社も少なくありません。

売上が少ない、費用や借り入れの返済が重過ぎて利益が残らないといった問題を抱え、望まざるのに赤字を抱え込んでしまっているのです。

そうした悩みと真剣に向き合っている会社は、経営やマーケティング（営業活動）

図 1 利益計上法人数と欠損法人数の推移

区分	法人数			欠損法人割合
	利益計上法人 社	欠損法人（A） 社	合計（B） 社	欠損法人割合（A）／（B） %
平成17年分	849,530	1,730,981	2,580,511	67.1
18	867,347	1,719,021	2,586,368	66.5
平成18年度分	871,241	1,715,343	2,586,584	66.3
19	852,627	1,735,457	2,588,084	67.1
20	740,533	1,856,575	2,597,108	71.5
21	710,552	1,900,157	2,610,709	72.8
22	702,553	1,877,801	2,580,354	72.8
23	711,478	1,859,012	2,570,490	72.3
24	749,731	1,776,253	2,525,984	70.3
25	823,136	1,762,596	2,585,732	68.2
26	876,402	1,729,372	2,605,774	66.4
27	939,577	1,690,859	2,630,436	64.3
28	970,698	1,689,427	2,660,125	63.5
（構成比）	（36.5）	（36.7）	（100.0）	

出所：国税庁ホームページ

の方法を見直し、お金の出入りの管理をしっかりとすれば、必ず黒字化できます。第2章以降で、そのためのヒントについて詳しく述べていますので、ぜひ参考にしてください。

いちばん問題なのは、「赤字でも仕方がない」というあきらめや、負け犬根性が染みついてしまっている会社です。

こうした会社の多くは、社長自身が「中小企業は赤字になっても仕方がない」という間違った常識に囚われています。

たしかに日本の中小企業の約3分の2は赤字なのですから、隣近所を見ると赤字の会社ばかりなのでしょう。それが現実だから、自分の会社が赤字でも何の不思議もない。黒字になんてできっこない、というあきらめを抱いてしまっているのです。

赤字が当たり前なら、日本はとっくに終わっている

私は、日本の中小企業経営者のかなりの割合が、そうしたあきらめに囚われてしまっているのではないかと思います。「黒字になんて、なかなかでけへん」という先入観が定着して、改善努力の邪魔をしてしまっているのです。

日本の中小企業が黒字化を果たすためには、まず、そうした意識を変えていかなければならないのではないでしょうか。

考えてもみてください。

もしも、中小企業は赤字になるのが当たり前ならば、日本の経済はとっくの昔に終わっています。

赤字を続けている企業が存続できるはずはありません。借金が返せなくなり、社員の給料や取引先への支払いも滞って、中小企業はどんどん潰れていくはずです。日本の会社の9割を占める中小企業が次々と潰れていけば、雇用は失われ、消費は大きく冷え込んで、日本経済そのものがもたなくなるのは言うまでもありません。

しかし、現実にはどうでしょう？

約3分の2が赤字だとは言っても、大部分の中小企業は何とか持ちこたえています。日本経済も長らく低成長が続いているとはいえ、どうにか世界3位の規模を保ち続けているではありませんか。

なぜなら日本の中小企業には、たとえ苦しくともどうにか乗り越えよう、生き延びようとする強い生命力を持っている会社が多いからです。

たとえ赤字続きであっても、自らの土地や家を売り払って会社の資産に充てたり、会社の借り入れを個人保証したりすることで、何とか会社を生き延びさせようとするのは、日本の中小企業経営者にとってごく普通のことです。

自分の会社を簡単には潰したくない、潰すことによって社員や取引先に迷惑をかけたくないという気持ちが働き、必死になって生き延びさせようとするのです。

それほどまで苦しい思いを我慢できるのに、なぜ、会社を黒字にすることをためらうのでしょうか。

もちろん、赤字の会社を黒字にするのは、決して簡単なことではありません。

しかし、胃の痛むような思いで赤字続きの状態を耐え抜くことに比べれば、その苦しみは知れたものです。

むしろ、お金が入ってくる喜びや、稼いだお金が利益として残る安心感、利益を再投資してビジネスを大きくしていく期待感など、前向きな気持ちがどんどん膨らんで、苦しみに勝っていくはずです。

まずは、「黒字になんて、絶対にできっこない」という思い込みを捨てましょう。

繰り返し言いますが、どんなに赤字続きの会社でも必ず黒字化を実現できます。

顧問先の中小企業の9割が黒字決算を実現している私は、そのことに絶対の自信を持っています。

大切なのは、社長自身が「やればできる」という強い信念を持って、やるべきことに粛々と取り組むことです。

なぜ、「赤字はあかん」と思うようになったのか?

当税理士法人が「黒字の税務申告書でなければ、ハンコはつかない」と決めたのは、父の時代です。

いまから20年以上前、〝バブル景気〟が弾けてから、しばらく経ったころでした。

なぜ、父がそう決めたのかと言えば、そのころ、赤字を抱えた中小企業の破産や倒産、夜逃げなどの問題が深刻化したからです。

「赤字はあかん。会社は絶対に黒字化させなあかん」

顧問先の悲惨な状況をいくつも目の当たりにした父は、そう固く心に誓いました。

その強い思いは、息子である私もしっかりと継承しています。

ちょっと回り道になりますが、父が「赤字はあかん」と思い至るようになるまでの歴史を振り返ってみましょう。

私の実家は、大阪市平野区で江戸時代から代々続く綿花問屋でした。平野は、1200年近い歴史を持つ環濠都市（周囲を防御用の堀で囲んだ都市）で、堺と並んで日本でこの2つだけが自由都市経済を営んでいました。

古くから河内木綿を地場産業とし、織田信長の時代から海外貿易をした進取の気鋭に富んだ町でもあります。

そんな歴史があるので、町内には古くから商売をしている綿花問屋が多く、私の実家もそのひとつでした。父は、6人兄弟の末っ子として生まれました。

私の祖父は、父が6歳のときに亡くなり、長兄が商売を受け継いで切り盛りしていたそうです。父は、長兄にとてもかわいがられ、礼儀作法や商売の知恵など、いろいろなことを教わりました。

父は生前、「商売は牛のよだれ」「屏風は広げすぎると倒れる」「でんぼ（おでき）と商いは大きくなったらつぶれる」といった近江商人の知恵を口癖のように語っていましたが、それらは江戸時代から実家に受け継がれ、長兄から教えられた知恵だと言っていました。

そうして父は、幼いころから知らず知らずのうちに、商人としての才覚を身につけていったのだと思います。

「いずれは自分も商売を手伝うことになる。そのためにも一生懸命勉強しよう」と幼心に思っていたようです。

ところが小学生のころ、父は野球で大怪我をし、足が不自由になってしまいました。

綿花問屋の仕事は、そろばんを弾くだけでなく、蔵から重い商品を出し入れしたりしなければなりません。足が不自由では、とても務まらない仕事です。

「どの道、布団は斜陽産業や。お前は、ほかの道に進んだらええ」

長兄にそう言われ、やがて父は税理士への道を選びました。

大学を卒業後、父は24歳で個人税理士として開業します。

時は、1968年7月。日本は高度経済成長の真っただ中でした。

しかし、いざ開業はしたものの、当然ながら〝なりたて〟の税理士に顧問先はひとつもありません。

まずは、どうやって顧問先を増やしていくかということが大きな問題でした。

いまでこそ、税理士の広告は原則自由となっていますが、当時は厳しい広告規制がありました。ましてや個別訪問などもってのほかです。

けれども、そのように八方塞がりの状況に追い込まれたことで、商家に生まれ育った父の血が湧き上がりました。

このころ、納税協会の地区顧問税理士制という制度が始まり、父はいち早く名乗りを上げたのです。これは、地域の納税協会員（青色申告会）の確定申告を顧問税理士が請け負う制度でした。

とにかく顧問先を増やしたいと考えた父は、多くの協会員の確定申告を2、3年、無料で行ないました。「損して得取れ」「金は後からついてくる」という商家の教えをそのままに実行したのです。

まったく収入が得られないのに2、3年もよく辛抱したものだと思いますが、父はこの時期を、実地勉強の期間だと割り切っていたようです。

無料であれば、たくさんの依頼が舞い込んでくるので、その分、実務の経験を積むことができます。

まずは仕事に慣れ、上達することが大事。そして、いい仕事をして認めてもらえば、「お金を払ってでもお願いしたい」という人が増えるはずだと父は考えたのです。

結果は、想像どおりでした。

確定申告を依頼する人たちも商売人です。「いつまでも、無料《ただ》でやってもらうわけにはいかない」という人が、ひとり、またひとりと現われ、顧問先がどんどん増えていきました。

このように、父が当時の一般的な税理士と違ったのは、実家で子どものころから培った商人としての才覚を持っていたことです。

そしてその才覚が、やがて顧問先の9割に黒字申告を実現させるという当法人の実績に結びついていくことになります。

バブル崩壊で顧問先の多くが大ピンチに!

父が開業して間もないころは、高度経済成長の真っただ中でした。

モノをつくれば、飛ぶように売れていた時代です。中小企業もそれなりに儲かり、利益がどんどん膨らんでいきました。

そんな時代ですから、経営者にとっては、いかに利益を少なくして節税するかということが大きな関心事でした。

とにかく費用を積み上げて赤字の決算書をつくり、税金がかからないようにするというやり方がもてはやされ、税理士の多くも、それを手助けするのが当たり前のサービスだと考えるようになりました。

そうした風潮に、父は強い疑問を抱いていました。

「税金を払わないために、赤字にするというのは間違っている。赤字が積もれば債務超過になり、過小資本のうえに赤字なのだから、肝心なときに融資が受けられず倒産してしまう。税理士がそれを手助けするというのは、無責任以外の何ものでもない」

それでも、当時は経済が右肩上がりだったので、融資は比較的実行されやすく、赤字でも借り入れを受けられる会社が少なくありませんでした。

またこのころは、決算書を「税務署用」と「銀行用」につくり分けている会社もありました。

税務署には赤字の決算書を提出して税金を逃れ、銀行には黒字の決算書を出して借り入れを受けるというやり方がまかり通っていたのです。それを手助けする税理士に対しても、父は強い憤りを感じていました。

こうした傾向は、高度経済成長から安定経済成長に移行した1970年代に入ってからも続き、1980年代後半にバブル景気が膨らみはじめると、ますます拍車がかかりました。銀行からの融資はますます受けやすくなり、多くの中小企業が借金漬けになっていったのです。

ところが、1990年代に入ってバブル景気が崩壊すると様相は一変しました。

土地や株式の価値が大きく下がり、それらへの投資のために銀行から多額の借り入れをしていた企業の多くが、借金が返せなくなってしまったのです。

父が顧問を務めていた中小企業の中からも、債務超過に陥って倒産に追い込まれる会社が次々と現われました。

何とか生き延びようと銀行に追加融資を求めても、バブル崩壊によって銀行は巨額の不良債権を抱え込んでしまっているので、なかなか貸してくれません。

それどころか、貸したお金を早く返してほしいと銀行から強く催促されるようになってしまいました。いわゆる〝貸し渋り〟〝貸し剥がし〟です。

こうして破産、倒産に追い込まれた中小企業経営者の中には、夜逃げをする人や、自らの命を絶ってしまう人までいました。あまりにも悲惨な状況に、父は税理士である自らの責任を痛いほど感じたと言います。

それまで父は、たとえ赤字であっても、顧問先から提出された決算書にはハンコをついていました。

しかし、それがいかに悲惨な末路をもたらすのかをリアルに実感したことで、

「赤字はあかん。会社経営は絶対に黒字でなければいかん」


という思いを改めて強くしたのです。

それ以来、当税理士法人は20年以上にわたって、黒字の決算書でなければハンコをつかないという方針で、顧問先と向き合っています。

もちろん私たちは、できることなら、すべての顧問先の決算書にハンコをつきたいと思っています。委任業務ですので最終的にはハンコをつくのですが、そのために顧問先の中小企業が黒字化を果たせるよう一生懸命アドバイスしています。

では、どうすれば赤字企業は黒字化を果たせるのか？

父から受け継ぎ、私自身のこれまでの経験によって肉づけした考えをお話ししたいと思います。

経営者が「してもいいこと」と「してはいけないこと」を仕分けする

会社のお金でベンツを買うのは悪いことか?

私は、決算書は「社長の通信簿」だと思っています。

商品やサービスの値段を決めるのも社長、仕入の取引先を決めるのも社長。たとえ社員が遣った経費であっても、結局、決済をしているのは社長なのです。

損益計算書(P/L)や貸借対照表(B/S、バランスシート)に示し出される金額の増減は、社長がその決算期間中に何を考え、どのように行動したのか、という結果を数字で表わしたものなのです。

いい行ないをより多くすれば、利益や資本は着実に膨らんでいきます。

逆に、よくない行ないが多くなれば、損失や負債がどんどん重くなって、会社が立ちいかなくなってしまいます。

もっとシンプルに言うと、会社を黒字にするのも、赤字にするのも、社長の日ごろの「行ない」次第だということです。

たとえば、経営者が会社のお金を遣ってベンツなどの高級外車を買ったとします。

これは、「いい行ない」でしょうか？　それとも、「よくない行ない」でしょうか？

「いくら儲かっているのか知らないけれど、見栄を張ってはいけない。余計なものに無駄なお金をかけるのは、経営者にあるまじき行為だ」

そんなふうに思うのが、普通の感覚ではないでしょうか。

私も、会社が赤字経営から抜け出すには、費用の無理、無駄、ムラを徹底的に減らすことが大切だと思っています。

すでに日本では、少子・高齢化によって急速な人口減少が進み、消費がどんどん縮小しています。モノやサービスを売ろうにも、なかなか売れない時代です。

売上が思うように伸びなくなっている状況の中では、無駄な費用を減らして、より多くの利益を確保することが肝心です。

「いらんものに無駄なお金をかけてはいけない」というのは、赤字の会社を黒字にするための大原則であると言えます。

ただし会社が本当に儲かっていて、社員にも利益をしっかりと還元し、それでも余ったお金でベンツを購入するというのなら話は別です。

この社長さんは、「仕事を一生懸命がんばって、いつかはベンツに乗れるような人間になりたい」という夢を抱いて会社を始めたのかもしれません。

夢を叶えるためにがんばるというのはとてもすばらしいことですし、それを見事に叶えたのなら、胸を張ってベンツのオーナーになるべきです。それは見栄を張った買い物ではなく、自分に対するご褒美です。

社長が自分の夢を叶えるというのは、社員たちにとってもいいことです。「自分たちも一生懸命がんばれば、いつかは夢に手が届く」という希望が湧いてくるからです。

その結果、社内は活気に満ちあふれ、物事が前向きに動き出します。

社員たちがやる気を持って仕事に取り組むようになれば、会社が赤字になる心配はまずありません。

つまり、この社長さんがベンツを購入したことは、会社にとって「いい行ない」だったと言えるわけです。

けれども、ただ見栄を張るためにベンツを購入するというのなら、それは「よくない行ない」です。

いらないベンツを会社のお金で購入すると、会社はお金を生み出さない無駄な資産を抱え込むことになってしまいます。しかも、それを銀行などからの借り入れによって購入した場合、負債も膨らんでしまうのです。

その分、経営は非効率になり、それまで以上にがんばって売上を大きくしないと損失や負債が膨らんでしまいかねません。

しかし、どんなに「しっかり稼いでくれ」と社員に発破をかけても、社長が買った不要なベンツのために余計に働かされているのだと考えると、社員たちのやる気が出るはずはありません。

経営者の「よくない行ない」が、帳簿上のマイナスを増やすだけでなく、社員の士気まで下げるという負のスパイラルに陥らせてしまうのです。

このように、経営者には、会社を黒字にするために「してもいいこと」と「してはいけないこと」があります。

大切なのは、それをきっちりと仕分けできるかどうかです。

会計の「仕訳」だけでなく、行動の「仕分け」が大切

中小企業の経営者の中には、損益計算書や貸借対照表の読み方がよくわからないという方もかなりいらっしゃいます。

それでも、複式簿記の基本である「仕訳」という言葉を見たことも聞いたこともないという経営者は、ほとんどいらっしゃらないでしょう。

仕訳とは、日々の取引によって会社の財産（資産・負債・純資産・収益・費用）がどれだけ増えたのか、減ったのかを記録するのに欠かせない作業です。

複式簿記では、取引は必ず貸方と借方の両方に記載されます。

そして、資産が増えれば借方に、負債が増えたら貸方に仕訳する、収益が増えたら貸方に、費用が増えたら借方に仕訳するのが絶対的なルールです。うっかり借方と貸方を間違えると、実際の資産状況と帳簿上の数字に狂いが生じてしまうからです。仕訳をきっちり行なうことは、会計業務の基本中の基本であると言えます。

私は、父から「道を歩いていても仕訳をしろ。そして、『してもいいこと』と『悪いこと』、『いま、せなあかんこと』と『せんでもいいこと』の仕分けができんとあか

ん。これができんと、本当の会計マンにはなられへん」と教わってきました。

私は、経営者の考え方や行動も、「仕分け」が非常に大切だと思っています。簿記の「仕訳」と、行動の「仕分け」は文字も意味も違いますが、「仕分け」の大切さは「仕訳」以上だと考えていいでしょう。

なぜなら、「してもいいこと」と「してはいけないこと」をしっかりと選り分け、「してもいいこと」だけに専念すれば、おのずと黒字化が果たせるからです。


では、経営者が行動を「仕分け」するうえで、拠り所にすべきものは何でしょうか。

ひと言で言えば、それは夢や目標だと思います。

「してもいいこと」とは、経営者が自身の夢や目標を実現させるための行動なのです。

もちろん、夢や目標は人それぞれです。

サラリーマンの収入に限界を感じて、自ら商売を始めた人は、「もっと稼いで贅沢な暮らしがしたい」という夢を抱いているかもしれません。

自分だけの技術やアイデアに自信を持ってベンチャー企業を立ち上げた起業家の中には、画期的な商品やサービスを提供して「世の中を変えたい」という壮大な目標を掲げている人も多いはずです。

自分を育ててくれた地域の人々に恩返しするために役に立って、喜んでもらえる商品やサービスを提供したいと会社を設立した人もいることでしょう。

個人的な夢であれ、他人や社会に貢献したいという夢であれ、経営者には会社を立ち上げた何らかの目的があります。

それを果たすために、「してもいいこと」とは何かを考えることが、経営における「仕分け」の基本だと言えます。

ただし、ここで注意したいことがあります。

それは、夢や目標を急いで実現させようと焦り過ぎないことです。

規模を短期間に大きくしようと無理な事業計画を立てると、その無理がたたって会社が存続できなくなる危険があります。

計画に沿ってたくさんの人材を雇い、銀行から多額の借り入れをしたのに、思ったように売上が伸びず、人件費や返済負担が重くなって、損失や負債を膨らませてしまうといった失敗は枚挙に暇がありません。

夢や目標を実現させるには、会社を存続させていく必要があります。会社を赤字に追い込みかねない焦った行動は禁物です。そうした無理な行動や、身の丈に合わない行動は、「してはいけないこと」に仕分けする必要があります。

無理なく、着実に会社が成長していける行動を選ぶことは、「仕分け」の大原則です。

経営者にとって大切な仕事は、正確な「状況判断」と適切な「意思決定」です。

会社を存続させるためには、日々の売上の変化や、世の中の変化などを感じ取りながら、毎日のように判断と決定を下していかなければなりません。

経営者には、その瞬間、瞬間の決定において、「これは『してもいいこと』なのか、『してはいけないこと』なのか」をしっかりと「仕分け」することが求められているのです。

「してはいけないこと」をしっかりと認識する

経営者が「してもいいこと」と「してはいけないこと」について、もう少し具体的に考えてみましょう。

「してもいいこと」とは、会社を赤字にすることなく、着実に成長させることができる行動のことです。

会社を成長させるためには、人を増やす、店舗を増やす、新しい機械や設備を導入するといった投資が欠かせません。そのためには、必要に応じて銀行などからお金を借りなければならないこともあるでしょう。

しかし借りたお金は、必ず返さなければなりません。きちんと返せる算段、つまり周到な事業計画があるのなら、財務に支障を来たさない程度にお金を借りるのは「してもいいこと」だと思います。

けれども、「いまの商売がうまくいっていないので、何か新しい商売を始めたい」という無計画な目的や、「3年以内に店舗数を10倍に増やして、稼ぎも10倍にしたい」といった身の丈に合わない目標を掲げて多額のお金を借りると、つまずいたときには目も当てられないことになってしまいます。

できることならお金を借りず、自己資本の範囲内で新しいことに取り組むのが理想ですが、お金を借りるのなら、しっかりと事業計画を練って、計画どおりに売上や利益を達成できる体制を整えることが先決だと言えます。

あまりにもお金がかかり過ぎる事業計画を立てたり、そのために身の丈に合わない借り入れをしたりすることは、「してはいけないこと」と判断すべきです。

また、経営者が自らの道楽のため、あるいは虚栄心を満たすためといった自分勝手な理由でお金を借りるのは、絶対に「してはいけないこと」です。借りなくてもいいお金の返済負担がのしかかることによって、会社の財務が厳しい状況に追い込まれてしまうからです。

見栄を張るためにベンツを購入するとか、社員の保養のためという〝名目〟で自分用の別荘を購入するといった公私混同は、絶対にあってはなりません。

このように、経営者が「してもいいこと」と「してはいけないこと」をしっかり「仕分け」していくと、財務は少しずつ健全になり、稼いだお金がちゃんと残るので、会社は存続しやすくなります。あとは、売上を伸ばせるかどうかです。

会社を黒字化させるには、経営者による行動の「仕分け」が何よりも大切である。これは、私が顧問先の中小企業の社長さんたちに、つね日ごろから言っていることです。このことをしっかりと守れば、あなたの会社も必ず赤字経営から脱却できます。

経営者は死ぬまで勉強しなければならない

私が代表を務める税理士法人では、顧問先の経営者や金融機関、その他の方々のために、さまざまなセミナーを開いています。

本業である税務や会計に関するセミナーもあれば、売上を伸ばすための「マーケティング手法」や「事業計画書のつくり方」といった、経営の核心に踏み込んだテーマのセミナーを開催することも珍しくありません。

税理士の仕事は、税務や会計のサービスを通じて、税金や費用など、会社から「出ていくお金」を減らすことだと考えている経営者の方が多いようです。

たしかに、どうやって売上を伸ばすかという、会社に「入ってくるお金」の増やし方をアドバイスする税理士はあまり多くありません。

しかし、経営には「攻め」と「守り」の両面があります。

「出ていくお金」を減らすのは「守り」の経営ですが、野球やサッカーなどのスポーツにも言えるように、防戦一方では得点（売上）を稼ぐことはできません。

一方、「入ってくるお金」を増やすのは「攻め」の経営ですが、売上を伸ばすためには、投資やそのための借り入れが必要になります。

その結果、「出ていくお金」を減らすための防御が手薄になり、得点は稼いでも、利益が残りにくくなるというリスクを抱え込みます。

会社を存続させ、なおかつ着実に成長させるには、「攻め」と「守り」のバランスを保ちながら、経営を進めていく必要があるのです。

そうした考えのもと、当税理士法人では「守り」の経営のための税務・会計サービスだけでなく、「攻め」の経営のためのコンサルティングも行なっています。

もちろん、「どうやって売上を伸ばすか」というのは本来、経営者が考えるべきことです。しかしご存じのように、いまの世の中は目まぐるしく変化しています。

スマートフォンの普及によってデジタルカメラが売れなくなり、音楽や映像がインターネットでダウンロードできる時代になって、CDやDVDのニーズが縮小したように、昨日まで当たり前に売れていた商品やサービスが、新しい商品・サービスにどんどん置き換えられています。

また、かつては書店で買っていた本や、アパレルショップで買っていた服が、いまではインターネット通販で購入できるようになり、パッケージ旅行や航空券、鉄道の切符なども、窓口ではなく、ネットで予約できる時代です。

商品・サービスのニーズが急速に変化しているだけでなく、その売り方や、売るための仕掛けも大きく変わっているのです。

経営者は、そうした変化をしっかりと追いかけながら、「どうしたら自分の提供する商品やサービスが売れるのか？」を考えなければいけません。

私たちは、そうした考えのヒントになる情報やアドバイスを提供し、売上を伸ばすための事業計画書づくりなどもお手伝いしているのです。

中小企業が会社を伸ばすためのヒントについては、第5章で詳しく紹介していますので、ぜひ参考にしてください。

目まぐるしい時代の変化に対応しながら、会社を存続させ、売上を伸ばしていくためには、経営者は死ぬまで勉強しなければなりません。

ましてやこれからは、少子・高齢化によって日本の人口がどんどん減り、消費も縮小していく時代です。いままでどおりの商売のやり方を続けていたら、放っておいたらじり貧になってしまう可能性があります。

つねに向学心のアンテナを広げ、さまざまな分野の新しい情報を積極的に採り入れながら、目まぐるしい変化に対応していくことが求められています。

向学心はモチベーションにつながる

経営者が向学心を持ち続けることは、会社を存続させる大きな力となります。

なぜなら、知識や情報を踏まえたビジネスモデルづくりや事業計画づくりを実践することで、計画の実現性がより確かになるからです。

また、幅広い情報を集めている人は、チャンスや運をつかむことも多いものです。勉強していない人には気づかないチャンスをいち早く察知し、先手を打ってビジネスを大きく広げることができます。

そうして成功体験を積み重ねていけば、もっと勉強して、もっと成功してやろうというやる気が生まれてきます。向学心は経営者のモチベーションにつながるのです。

一方、勉強しない経営者は、世の中の変化をつかむことができないので、売上を思うように上げることができません。

社員に向かって「がんばって稼げ！」とか「もっと営業回りをしろ！」と根性論を振りかざす経営者も少なくありませんが、そもそもビジネスモデルの有効性や事業計画の実現性が乏しいとすれば、売上を伸ばすことは困難です。

どんなにがんばっても売上が伸びないと、社員の士気はどんどん下がり、会社全体が重苦しい空気に包まれてしまいます。

経営者も自信をなくし、やる気を失っていくものです。

問題なのは、経営者のモチベーションが下がったり、それによって会社のお金がなくなると、正しい経営判断ができなくなってしまうことです。

仕事がどんどん減っていくので、値引きをする。

どうにか売上を伸ばそうと、無理な借り入れをして投資をする。

そうした「してはいけないこと」を、知らず知らずのうちにしてしまうのです。

私は、会社にとっての売上とは、経営者の「やる気」そのものだと思っています。

やる気を持って、前向きに商売に取り組めば、「売上アップ」という結果は必ずあとからついてくるものです。

やる気を持続させるためにも、経営者は死ぬまで勉強し続けなければならない。

これは、私が父から学んだ商人としての心得の肝であると感じています。

繰り返しになりますが、経営者には会社を存続させるために「してもいいこと」と「してはいけないこと」があります。日々勉強を続ければ、その「仕分け」もしっかりと判断できるようになるはずです。

第2章

「赤字から抜け出す」14の心構え

1 決算書は、社長の「通信簿」

社長の決意のすべてが〝数字〟として表われる

社長とは、孤独な存在である──。

これは、よく言われることですし、中小企業の社長さんたちにとっては日々、骨身に染みて実感していることではないでしょうか。

上場企業であれば、株主が経営について「モノ申す」こともありますが、中小企業の社長さんは、基本的にすべての物事を自分で判断、決断しなければなりません。奥さんや番頭さんが決断を諫めたり、相談相手になってくれたりすることもあるとは思いますが、最後は、社長自身の決意と覚悟が問われることになります。

しかもその結果については、社長自らが責任を負わなければなりません。孤独な気持ちになるのも、当然だと言えるでしょう。

ここで問題なのは、たとえ決断を誤って大きな損失を出したとしても社長を叱ってくれる人はいないことです。

サラリーマンなら、勤務態度や営業の仕方などを上司が厳しくチェックし、評価やアドバイスをしてくれますが、社長にはそうした指導役が存在しません。

その結果、社長の行動は、どうしても〝やりたい放題〟や〝やりっぱなし〟になってしまう傾向が強いのです。

第1章で、会社が赤字から脱却できないのは、社長が「してもいいこと」と「してはいけないこと」をきちんと「仕分け」できていないことが問題だという話をしましたが、これは、過去の自分の行動をきちんと顧みて、改善を図ろうとする意識が欠けているからだと思います。

そこで意識していただきたいのが、毎期の決算書です。

なぜなら決算書は、社長の考え方や行動の結果を明快な数字で表わしてくれる「通信簿」だからです。

会社が損失を出すのには、もちろん理由があります。

その理由を決算書に示し出された〝数字〟の中から読み解き、自らの行動を顧みることは、経営者にとって非常に大切なことです。

たとえば売上はそこそこ増えているのに、お金が全然残らないというのであれば、何らかの出費が多過ぎることは明らかです。

人や設備にお金をかけ過ぎているのか、過剰な借り入れによって返済負担が重くなっているのか、はたまた社長の〝道楽〟によって利益を食い潰しているのか？

決算書にあぶり出された数字を見れば、その原因は必ず特定できます。

数字は嘘をつきません。経営者が何を考え、どのように行動し、結果どうなったのかということを正直に教えてくれるのです。

入るお金と出るお金は、しっかりと把握する

中小企業の社長さんの中には、決算書が「読めない」「読みたくない」という人が少なくありません。

しかしそれでは、会社が赤字になっている本当の理由を探り出すことはできませんし、ましてや黒字化するために行動を改めることなど不可能です。

せめて入るお金と、出るお金がどれだけ増減しているのか、それによって会社にいくらお金が残っているのかということだけは、しっかりと把握しておきたいものです。

税理士に相談すれば、会社が何にお金をかけ過ぎているのか、ということは比較的簡単に特定できます。

かけ過ぎているお金が明らかになったら、それは、社長のどのような判断によって支払われた出費なのかということを振り返ってみるのです。

そして、「仕分け」の考え方に立ち戻り、「してもいいこと」のための出費だったのか、「してはいけないこと」にお金を遣ってしまったのかを反省し、考え方や行動を改めてみましょう。

これを繰り返していくうちに、通信簿（決算書）の成績は少しずつ上がり、黒字化に近づいていくはずです。

2 社長の給料を見直す

会社は、社長のためだけにある？

日本の中小企業の大部分は、オーナー企業です。

オーナー社長にとって、会社は家族の一部であり、その儲けは「自分たち家族のものである」という考え方が当たり前になっています。

苦労して自ら会社を立ち上げた創業社長や、家族を代表して代々経営してきた会社を引き継いだ社長は、会社に対して強い思い入れを持っています。会社は自分の分身であり、「家族と同然」と思うのはごく自然な感情だと言えるでしょう。

しかしその思いが強くなり過ぎると、公私の境目がなくなり、場合によっては会社を危機に追い込んでしまう恐れがあります。

私は、経営者による公私混同を全面的に否定するつもりはありません。

そもそもオーナー企業は、オーナー家族が豊かになるため、幸せになるために設立するのが一般的です。稼いだ利益をオーナーがどのように遣っても、周りにとやかく言われる筋合いはありません。

けれども、公私混同は度が過ぎると会社を危機に追い込み、オーナー家族だけでなく、働いてくれている社員の方々や取引先、お客さまにも多大な不利益をもたらすことになってしまうことになるのです。

たとえオーナー企業であっても、会社は社長のためだけにあるのではありません。社員や取引先の方々、地域の方々に助けられ、利益を分け合いながら存在しているのです。そうした方々に迷惑をかけないためにも、度が過ぎる公私混同によって会社を破たんの危機に追い込むことは絶対に避けなければなりません。

大きな借金をする前に、社長の給料を見直そう

たとえば、会社に多額の借金をさせてまで自宅を兼ねたビルを建てる、自分が乗る高級車を購入するといったことは、明らかに度の過ぎる公私混同です。

それによって会社の負債が重くなれば、稼いだお金が残りにくくなり、出ていくお金が増えて赤字に陥る危険もあります。「いらぬ借金は、絶対にしない」というのは、

会社を黒字化させるために欠かせない発想です。

出るお金が増えて財務がとても回らないというのなら、借り入れをする前に、まずは社長の給料を減らすことを考えてみましょう。

仮に社長が1000万円の給料をもらっているのなら、500万円の借り入れをして会社の負債を増やすより、社長の給料を半分にして、浮いた500万円を自己資本に充てるほうがマシです。そうすれば、いらぬ返済負担がなくなって赤字リスクを抑えられるだけでなく、債務超過を回避できるので、会社が存続しやすくなります。

「社長はいくら給料をもらったらいいのか？」

というのは、顧問先からよく聞かれる質問ですが、私は、「会社が黒字なら、いくらもらってもいいのではないか」と思っています。

しかし、会社が赤字を抱えているのに、社長が給料をもらい過ぎるのはどうかと思います。これも、公私混同の一種と言えるかもしれません。

3 「損して得取れ」は諸刃の剣

利益を度外視した値段設定は禁物

「どうにか売上を伸ばして、会社に入るお金を増やしたい」

赤字に苦しんでいる社長さんなら、誰もが思うことです。

そのために、事業規模を大きくしたり、新しいビジネスにチャレンジしたいけれど、赤字経営なので、先立つお金が借りられないというジレンマを抱えている社長さんも多いことでしょう。

それでも「赤字から抜け出したい」と、前向きに策を巡らせる経営者であればまだいいのですが、赤字経営が続くとどうしても発想が後ろ向きになってしまいます。

商品やサービスの値段を下げて、少しでも売上を伸ばそうとするのは、その典型例だと言えます。

商品やサービスの値段を下げれば、当然ながら利幅は薄くなります。儲けを増やしてお金を残すためには、ひとつでも多くの商品や、1回でも多くのサービスを提供しなければなりません。その分、人件費をはじめとする費用負担も大きくなり、損益分岐点が上がるので、ますます黒字化が難しくなってしまうのです。

わかりやすい例が、ラーメン屋さんです。

ラーメン屋さんが儲かるかどうかは、ラーメン1杯をいくらにするかが勝負です。どんなにおいしくても、1杯1000円以上のラーメンでは「高い」と思われますし、かといってあまり安くすると、こだわっている材料の値段や店舗賃料などの高さによっては、原価ギリギリになってしまうこともあります。

しかもラーメンは、麺も具材もスープの材料もまとめて仕入れ、時間が経つと悪くなるので、売れ残ると無駄な費用が積み上がってしまいます。

そのため多くのラーメン屋さんは、あらかじめ「1日に何杯売るか」という目標を定め、その目標を上回ると利益が出るようにラーメン1杯の値段を設定します。売り切らなければ損が出てしまうのですから、厳しいノルマだと言えます。

ところが、より多く売りたいと考えるラーメン屋さんの中には、1杯の値段を原価ギリギリまで下げるところもあります。

その分、高めの値段設定なら1日100杯で済んだ損益分岐点が、150杯、

200杯と上がり、目標を達成するのが難しくなるのです。

損益分岐点を下げるには値段を上げたいところですが、一度決めた商品やサービスの値段は、そう簡単に上げられるものではありません。結局、ノルマを達成できなければ原価割れの状態が続き、損失がどんどん膨らんでしまいます。

商売では、最初の値段設定がいかに大切かということが、よくわかると思います。

採算を確保できる仕事だけを受ける

私が顧問を務める中小企業の中にも、そうした〝安売りの罠《わな》〟に陥って苦しんでいるところがいくつもありました。

そのひとつが、電気工事業のA社です。

この会社は、当税理士法人が顧問契約を結んだときには、売上高30億円に対して、借入金が10億円以上、債務超過が7億円という悲惨な状況でした。

原因を調べたところ、目先の資金繰りのため、採算が合うかどうかをまったく考えず、頼まれた仕事を言われるままの値段で受けていることがわかりました。

そこで「受注する前に、どれだけの固定費や材料費、外注費がかかるのかをしっかり計算し、粗利が10％以上出ない仕事は絶対受けないようにしてください」とアドバイスしました。

これをしっかりと実践したところ、A社の債務は少しずつ減っていきました。

顧問契約を交わしてから約20年が経ちますが、いまでは毎期の売上高が150億～200億円、利益は5億円前後となり、無借金経営を実現しています。

損失は、積み重ねによってどんどん膨らんでいくものです。

採算割れが10件に1件ならまだ何とかなりますが、5件、6件と増えていくと、次第に取り返しがつかなくなります。次の仕事につなげるために、目の前の仕事を安く引き受ける経営者もいますが、「損して得取れ」は諸刃の剣です。すなわち言いなりになるのとは違って、先を見通せる勝算がない場合は、先に損を取ってはいけません。

1件ごとの取引について「採算が合うかどうか」をきちんと判断しましょう。

4 古い慣習にいつまでも引きずられない

中小企業の経営者は、時計の針が止まっている？

A社が採算を度外視して仕事を受けていたのは、建設業界の昔からの慣習に引きずられていたことが原因だったようです。

ゼネコンなどの仕事を下請けする工事業者の場合、仕事をもらうときに「今回は損をさせるけど、次の仕事では儲けさせるから」と言われ、採算割れの仕事を押しつけられることがあります。

下請けなのであまり強いことは言えないし、ほかの仕事で損を帳消しにできるのなら、まあいいかと引き受ける慣習が根づいているのです。

A社の経営者も、次の仕事につなげるために、「損して得取れ」の精神で採算割れの仕事をどんどん引き受けていました。

しかし、こうした慣習が通用したのは、高度経済成長期からバブル景気の時代までの話です。

1990年代に入ってバブルが崩壊すると、建設の仕事は極端に少なくなりました。ゼネコンは、少しでも多くの仕事を取るために安い金額で受注し、それをさらに安い金額で下請けに発注するようになったのです。

そうなると、下りてくるのは採算割れの仕事ばかりです。これでは、次の仕事で得をするどころか、受ければ受けるほど損失がどんどん膨らんでしまいます。

A社の場合、昔からの慣習に引きずられて、1件ごとの損益をしっかり計算するというきめ細かさに欠けていました。トータルすれば利益が出るはずなので、「とにかく来た仕事は受けよう」という大雑把な感覚で対応していました。

その結果、7億円もの債務超過が積み上がってしまったわけです。

このように古い慣習に引きずられて、損失や債務を増やしているケースは珍しくありません。とくに中小企業の経営者には、まるで時計の針がバブル景気の時代で止まってしまったかのように、古い慣習に縛られている人が多いように感じます。

「バックマージン」を払ってはいけない

昔から続く悪しき商慣習のひとつに、「バックマージン」があります。仕入先の営業マンに個人的な〝見返り〟を与える代わりに、仕入れ価格を安くしてもらったり、優先的に商品を回してもらったりする慣習です。

建設業やアパレル業界などでよく行なわれていた慣習で、いまでもやっている営業マンが少なくないようですが、きっぱりと断るべきだと思います。

中小企業の経営者の中には「断ったら、商品が入ってこなくなる」と恐れている人もいるようですが、そんなことはまずありません。

なぜなら、会社間で取引契約を交わしているのであれば、営業マンの個人的な裁量だけで取引を停止することはできないからです。

払わなくてもいい無駄なお金を払うのは、経営者として「してはいけないこと」の代表例です。一般にバックマージンは、経営者が知らぬ間に支払われていることが多いので、仕入れ担当者に「絶対に支払ってはいけない」とクギを刺しましょう。

5 度の過ぎた公私混同は絶対に禁物！

町工場が、なぜカラオケスナックを？

先ほども述べたように、私は企業経営者による公私混同は一概に悪いことだとは思っていません。

ただし、働いてくれている社員や取引先、お客さまなど、会社と利害を共有する人たちに不利益をもたらしたり、迷惑をかけたりする公私混同は絶対にあってはならないことです。

当税理士法人の顧問先の中にも、そうした度の過ぎる公私混同をしようとしていた会社がありました。

長年、Bさんは町工場を経営していました。社員は50名近くいて、複数の大手電機メーカーの取引口座を持っていますが、最近は仕事が少なく、赤字ぎりぎりの経営を余儀なくされていました。

ある日、Bさんが「新しい部門を立ち上げて、カラオケスナックを始めたい」と私のところに相談に来ました。

仕事が減っているので新しいビジネスに挑戦したいという気持ちはわかりますが、あまりにも本業とかけ離れているので、私は怪訝に思いました。

あとでわかったことですが、どうやらBさんは、自分の愛人にカラオケスナックを経営させるつもりだったのです。

愛人や不倫といったモラルの問題はさておき、個人的な理由でカラオケスナックを始めたいのであれば、自分のポケットマネーで始めるのが当たり前です。

しかしBさんは、「新しい会社をつくるとなると手間も費用もかかります。すでにある会社の一部門にすれば、お金がかからないので助かるのですが……」と、アドバイスを求めてきたのです。

もちろんこれは、度が過ぎた公私混同以外の何ものでもありません。

私は、「ただでさえ売上が減って苦しい状況なのに、個人的な理由で成功するかどうかもわからない部門を設けるのは絶対にいけません。やるなら社長自身のお金でやってください」ときっぱり言いました。

個人的な事情や、趣味、道楽のために会社を振り回すのは、経営者として絶対に「いけない」ことです。

起死回生のため、新しいビジネスにチャレンジするというのなら、それなりの道理と勝算がなければなりません。

6 リスクを感知する力を養う

経営にもカナリアが必要である

赤字は、日々の行動の積み重ねによって膨らんでいくものです。

「最近、売上が減ってきた」とか、「どうも資金が回りにくくなった」と感じはじめたら、その時々の行動を入念にチェックし、原因を見極めて、排除していかなければなりません。

変化を感じ、原因を究明する取り組みを社内に定着させるためには、経営者だけでなく、現場で働く社員にもリスクを感知する力を養わせることが大切です。

リスクを感じ取ったら、迅速に対応して排除することもしっかりと教え込む必要があります。

優れた経営者は、誰よりも早くリスクを感知する力と俊敏な対応力を備えているものです。

たとえば、阪急の創業者である小林一三氏は、読めないリスクを徹底的に排除しようとしました。

阪急梅田駅は、いまでこそ関西有数の大規模なターミナル駅ですが、創業当初はホームが板張りで、周囲にある建物も木造でした。

ある消火訓練の際、小林氏は「いま、もしここで火事が起こったらどうするか？」と質問しました。社員たちからは常識的な答えが返ってきましたが、それだけでは満足せず、さまざまなケースを想定し、矢継ぎ早に質問を浴びせかけました。

答えにつまると、小林氏は自分のアイデアを次々と出していきました。

ちょうどそのとき、ホームに貨物列車が入ってきました。ホーム上には、その列車に積み込む荷物がそこかしこに転がっていました。

責任者は「すぐに荷揚げして片づけさせます」と言いましたが、小林氏は、「火事が待ってくれるか！」と一喝しました。

その後、隣接する木造の郵便局が火事で全焼するという事件が起きましたが、小林氏のひと言で社員の防火意識が高まった阪急梅田駅は類焼を免れました。野次馬たちは「ほんまに阪急はんは、運が強いな！」と口々に言ったそうですが、もちろん、ただ運が強かっただけでなく、小林氏の徹底したリスク管理が類焼をはねのけたのです。

経営にリスクはつきものです。地震や火事のような災害だけでなく、経営者はさまざまなリスクを敏感に感じ取り、先手を打って対処しなければなりません。

かつて炭坑労働者たちは、炭坑に入るとき、必ずカナリアを連れていきました。カナリアは毒物に敏感で、坑内に有毒ガスが漏れ出したとき、人間より早く危険を察知するのです。

経営にもカナリアが必要です。この借り入れをしても大丈夫か、この設備投資をしても大丈夫か、この業者と取引しても大丈夫かと、一つひとつの行動を入念にチェックしましょう。

7 「商いは牛のよだれ」——細く長くが肝心

近江商人の知恵はいまも生きている

私は子どものころ、父から近江商人の知恵をいくつも教わりました。

いまでもその多くは、私が顧問先の経営をアドバイスする際の大切な指針となっています。

近江商人の教えでは、「三方よし」（売り手よし、買い手よし、世間よし）があまりにも有名です。

商売は、売り手の都合だけでするものではない。買い手が心から満足し、さらには世の中にも受け入れられるものでなければならない、という教えです。

この教えは、今日の経営の〝あるべき姿〟に通じるものですし、未来永劫変わらない、普遍的な経営哲学であると言えます。

父親から教えられた近江商人の知恵のひとつで、私自身も経営者（税理士法人代表）のひとりとして大切にしているものに、

「商いは牛のよだれ」

という言葉があります。

実際に見たことがある人はあまりいないと思いますが、牛のよだれは、口元から細く長い糸のようにスーッと垂れていきます。その様子に例えて、商売はせっかちにならず、気長に辛抱強く続けることが大切だということを教えているのです。

赤字続きの会社経営者は、つい気持ちが焦って、身の丈に合わない大きな投資をしたり、無謀な事業計画を立てたりしやすいものです。

一方で、事業がうまくいっている経営者は、できるだけ早く会社を大きくしようと、つい経営のアクセルを踏み込んでしまう傾向があります。

新規出店や設備投資などを急ぎ過ぎて、余分な重荷を抱え込み、経営が立ちいかなくなってしまうケースが珍しくありません。

会社を存続させるためには、商売は細く長くが肝心です。

近江商人の教えの中には、「屛風は広げ過ぎると倒れる」というものもあります。

事業は屛風を広げるように大きくしていくものですが、あまり広げ過ぎると、運営や資金繰りが困難になって、会社そのものが倒れてしまうということです。

経営をあまり急ぎ過ぎると、会社を赤字のリスクにさらしやすくなります。無理をせず、一歩ずつ着実に成長を目指していくことが大切です。事業を早く大きくしたいのなら、経営者自身が責任を持って、それを成し遂げるべきでしょう。

残念ながら、中小企業の経営者の中には新たなビジネスを立ち上げても、実際の業務は役員や現場の社員に任せっきりにしてしまう人が多いようです。会社を長く存続させることは、経営者にとって最も大切な使命のひとつです。無責任にやりっぱなしにして、社員を路頭に迷わせるようなことは絶対にあってはなりません。

8 会計を知らずに経営を語るなかれ

税務だけでなく、もっと税理士を活用しよう

〝カリスマ経営者〟として知られたカルビーの前会長兼CEO（最高経営責任者）の松本晃氏は、経営者が必ず学ぶべきこととして、法務（リーガル）、英語、会計（アカウンティング）の3つを挙げています。

今日のように企業のコンプライアンス（法令順守）が厳しく問われている時代には、よかれと思って取った行動が、思わぬ法令に抵触して会社の屋台骨を揺るがしかねないリスクがあちこちに潜んでいます。ですから、法務に関する基本的な知識は経営者にとって必須だと言えます。

また、経済のグローバル化は急速に進み、いまでは地方の中小企業でも、世界のあちこちの国や地域と取引することが珍しくなくなりました。

経営者が英語力を身につけることは、人口減少によって縮んでいく国内市場だけに

依存せず、海外に成長の活路を求めるうえで欠かせない取り組みだと言えそうです。

そして大切なのが、会計の知識です。

松本氏は、経営者は最低でも財務諸表が読めるレベルの知識が必要だと語っています。氏自身は農学部出身だったので、新卒で伊藤忠に入社したとき、貸方、借方やB／S（貸借対照表、バランスシート）、P／L（損益計算書）などがまったくわからず、徹底的に勉強したと言います。

残念ながら、中小企業の経営者で、財務諸表をしっかりと読みこなせる人はあまりいません。財務諸表づくりは税務申告や借り入れのためであって、税理士に任せておけばいいと思っている経営者が多いからではないでしょうか。

財務諸表の本来の役割は、会社がどれだけ儲かったのか（損をしたのか）、どれだけ財布に余裕があるか（資産と負債・資本のバランス）を示してくれる点にあります。もっとわかりやすく言えば、経営によって生み出され、残ったお金の状況を、明確な数字（金額）で表わしてくれるのです。

ですから、B／SやP／Lに示し出される金額の意味を理解し、その増減を把握することは、経営者が会社を黒字化させるのに欠かせない〝重要な仕事〟だと言えます。

「会計を知らずに経営を語るなかれ」とさえ言い切ってもいいと思います。

とはいえ、いままで財務諸表を読んだことのない社長さんが独学で勉強するのも大変だと思いますから、指南役として税理士を活用してみてはいかがでしょうか。

当税理士法人もそうですが、最近の税理士は、税務申告だけでなく、決算診断やコンサルティングなども行なっています。それらのサービスもすべて顧問料に含まれていることも多いのですから、活用しない手はありません。

ちなみに当税理士法人では、顧問先のすべてに毎月の決算を報告して、気になる金額の増減や、その意味することを丁寧に説明しています。

これを繰り返すことよって経営者の方々に数字を読む習慣がつき、数字の変化に基づいて行動を見直せるようになるのです。

9 「前向きな思考」は売上に相当する

本当の売上とは、お金ではない

ところでB／SやP／Lは本来、会社の経営状況を表わすものですが、そこに示されている数字は、経営者が何を考え、どのように行動したのかを反映しています。

本章の冒頭でも述べたように、決算書は社長の「通信簿」なのです。

これをわかりやすく説明したのが【図2】です。

この図では、B／S、P／Lのそれぞれに、数字ではなく、経営者の考え方（思考）を当てはめています。

たとえばP／Lは、売上、費用、利益の3つの項目で構成され、利益と費用を合わせた金額が、売上と同額になります。

売上は同じでも、費用が減れば、その分、利益は増え、費用が多くなれば、その分、利益が少なくなるわけです。

図 2 経営者の思考決算書

P／L（損益計算書）

<table>
<tr><th>費　用</th><th>売　上</th></tr>
<tr><td>【後ろ向きの思考】
ごまかし
しっと・ねたみ
堕落・臆病・あと回し
悪口・批判
あきらめ
嘘・言い訳</td><td rowspan="3">【前向きな思考】
行動・継続
チャンス・運
情熱・意欲
縁
アイデア
直感・ひらめき</td></tr>
<tr><th>利　益</th></tr>
<tr><td>【前向きな思考—後ろ向きの思考】
お金
心のゆとり・幸福感
徳</td></tr>
</table>

B／S（賃借対照表）

<table>
<tr><th>資　産</th><th>負　債</th></tr>
<tr><td rowspan="3">【人生で身につけたもの】
経験
親切心
自信
情報力
行動力
熟考力
常識
人脈
謙虚さ</td><td>【人生で身についてしまったもの】
経験
親切心
自信
情報力
悪い癖
恐怖心
怠け心</td></tr>
<tr><th>資　本</th></tr>
<tr><td>財産・信用
心のゆとり・幸福感
人徳</td></tr>
</table>

私は、経営者の考え方において、売上に相当するのは「前向きな思考」、不必要な費用に相当するのは「後ろ向きの思考」だと思っています。

前向きな思考で、情熱を持って経営に臨めば、チャンスや運、直感、ひらめき、縁などがつかみやすくなるものです。本当の売上とは、お金そのものではなく、お金を生み出してくれるこれらの力なのです。

一方、後ろ向きの思考は、せっかく稼いだ売上から費用をどんどん差し引いていきます。脱税や粉飾などのごまかしをしたり、しっと・ねたみ、悪口、批判、あきらめ、最もいけない嘘や言い訳など、ネガティブな気持ちが原因となって、過分な投資や無駄な出費が増えてしまうわけです。

また利益とは、お金だけでなく、「赤字の心配がない」という心のゆとりや幸福感だと思っています。

後ろ向きの思考によって費用がどんどん増えると、そうしたゆとりや幸せな気持ちが失われていってしまうのです。悪いことをする人や、事業で失敗するのは結局、財布が風邪を引いて先が心配になるからです。

後ろ向きの気持ちを封じ込め、つねに前向きな気持ちで経営に臨めば、おのずと利益は大きくなり、経営者は幸せになれる。私は、そう確信しています。

費用や負債は、資産に転嫁できる

B／Sは、会社が持つ資産と、負債・資本（自己資本）のバランスを見るためのものです。負債と資本を合わせた金額が、資産と同額になります。

資産額は同じでも、資本が減れば、その分、借り入れ（負債）が増えて経営は苦しくなり、資本が増えれば、その分、負債は減って経営はラクになります。

私は、B／Sに示される資産、負債、資本の中身を経営者の考え方に置き換えると、【図2】の下の図のようになると考えています。

この「思考の財務諸表」においては、P／Lに計上される費用も、B／Sに計上される負債も、ゼロにはできないと考えるべきでしょう。なぜなら、人間はどうがんばっても、後ろ向きの思考を完全に拭い去ることはできないからです。

けれども、前向きな思考と後ろ向きの思考は、じつは表裏一体の関係にあります。たとえば、経験や、親切心、自信、情報力などは、それが経営を前に向かせるという意味では資産ですが、過信や濫用をすれば仇になりかねないという意味では負債でもあるとも言えます。

負債や費用を減らそうとするのではなく、それらをうまく資産に転嫁して、バランスを取ることを考えてみてはどうでしょうか。決して、お金や学歴がすべてでないことがおわかりいただけるでしょう。

そして儲けることを「得」すると言いますが、この「思考の財務諸表」において、「してもいいこと」「してはいけないこと」をつねに「仕分け」し、その結果P／Lに「徳」が残る。これを積み重ねることによってB／Sに「徳」を積み、「人徳」となると私は確信しています。

図3 成功する人の会計思考

P／L（損益計算書）

費用		売上	
【後ろ向きの思考】		【前向きな思考】	
しっと・ねたみ	20	行動	300
あと回し	50	継続	200
批判	130	運	50
言い訳	30	情熱	150
	（230）	縁	50
利益		アイデア	50
【前向きな思考—後ろ向きの思考】		ひらめき	50
心のゆとり・幸福感	620		（850）

図4 失敗する人の会計思考

P／L（損益計算書）

費用		売上	
【後ろ向きの思考】		【前向きな思考】	
ごまかし	50	行動	150
しっと・ねたみ	100	継続	100
あと回し	100	情熱	50
批判	200	アイデア	30
言い訳	300	ひらめき	30
	（750）		（360）
利益			
【前向きな思考—後ろ向きの思考】			
心のゆとり・幸福感	△390		

10 目標を明確にすれば、取り組みは継続できる

ひとつのことに集中して取り組めば、万事がうまく回り出す

中小企業の経営者には、赤字続きの状態から抜け出すことを、最初からあきらめてしまっている人が少なくありません。

まずは、「がんばれば、必ず赤字から脱却できる」という自信を持つことが大切です。

そうして黒字化への取り組みが始まるわけですが、いざ動き出そうとすると、あまりにも課題が多過ぎて、「何をすればいいのだろう？」「どこから手をつければいいのだろう？」と迷ってしまうのではないでしょうか？

私は、どんなに課題が多くても、あまり手を広げ過ぎず、最も効果が期待できることに一点集中して取り組んだほうがいいと思います。

ひとつのことに集中して取り組めば、そこを起点として万事がうまく回り出すものだからです。

たとえば先ほど紹介した電気工事業のA社には、「粗利率が10％以下の仕事は受けないでください」とアドバイスし、それを徹底することに一点集中してもらいました。A社の場合、依頼を受けた仕事の採算性をしっかりと確認せず、赤字になるような仕事をたくさん受けていたことが債務超過の最大の原因だったからです。

決算診断によって、そのことを突き止めた私たちは、材料費や外注費、固定費などをすべて支払っても利益が残る「粗利率10％以上」が損益分岐点であることをA社の社長さんに伝え、それを上回る仕事だけを受けてくださいと伝えました。ほかには何もしなくていいので、とにかくその一点に集中してもらうことにしたのです。

この取り組みを地道に継続したことで、A社は見事に黒字化を果たし、無借金経営を実現しています。

課題を絞ってひとつのことに取り組むのには、「やるべきことがわかりやすくなる」というメリットもあります。わかりやすいので継続しやすく、地道に改善を図っていくことができます。

社長さんが現場の方々に伝えるのも簡単ですし、現場から上がってきた案件を決裁する際の基準も明確になります。

社員の方々にとっても、「粗利率10％」という明確なラインが示されれば、それを下回る仕事は受けてはいけないということが簡単に判断できるので、自然に採算の取れる仕事だけが残ることになります。

また、この取り組みを続けると、知らず知らずのうちに社員の方々のコスト管理意識が高まっていきます。

仕事を受ける営業担当者だけでなく、協力会社に仕事を回す発注担当者や、経理担当者にもコスト管理意識が浸透して、出費を見る目が厳しくなります。まさに、ひとつの取り組みによって、万事がうまく回り出すわけです。

赤字から抜け出すためにあれもこれもと手をつけると、収拾がつかなくなったり、逆効果になったりする恐れもあります。ひとつの取り組みに絞って、継続させるほうが賢明だと思います。

11 決算は年次だけでなく、月次でチェックする

「毎月いくら儲かっているのか」をつかめば、経営は楽しくなる

株式投資をしている方ならよくおわかりだと思いますが、上場企業には、期末（年度末）だけでなく、四半期ごとの決算を報告することが義務づけられています。なぜなら、上場企業は新しい期の始まりに業績予想を立て、それを達成させることを株主に〝約束〟しなければならないからです。

四半期ごとの決算は、期末の目標に向けて売上が順調に伸びているかどうか、利益がちゃんと残っているかどうかを示す〝途中経過〟です。売上の伸びが思わしくなければ、営業活動のテコ入れをしなければなりませんし、利益が少なければ、出ていくお金を抑えなければなりません。

このように目標をちゃんとクリアしているかどうかを途中段階で把握しながら、改善を図っていくのは黒字化を実現するための基本であり、上場企業でなくとも実践す

べき取り組みです。

上場企業は四半期だけでなく、月次や日次の経営状況についても細かくチェックしています。中小企業の場合、日次のお金の出入りを把握するのは難しいかもしれませんが、月次の決算だけはしっかりと行ないたいものです。

年に1回の決算だけでは、経営状況の細かな変化を読み取ることはできません。夏までは順調に売上が伸びていたのに、秋に入って急に商品の売れ行きが悪くなったとか、毎月現金が増えていたのに今月はゼロになった、といったような変化は、月次決算を行なわないと見逃してしまいます。

そのまま年度末を迎え、気がついたら赤字になっていたというのでは、文字どおり後の祭りです。

JALを再建した稲盛和夫氏は「日航は八百屋も経営できない」と痛烈に経営批判をしたことがありました。

就任間もないころ、役員が「航空会社は安全が第一。利益を追うのは罪悪のようなものです」と発言。それを受けて稲盛氏は「利益が出なければ、安全の投資もできないじゃないか！」と色をなして反論し、「まず経営陣の意識改革が必要だ」と痛感したそうです。

当時、日航の月次決算には2、3カ月かかったそうで、対策も打てないもどかしさがあったそうです。

そんな経営陣の意識を変えたのは、やはり「数字」でした。

植木新社長は、『『月次の利益と実績と見通し』を確認し、『毎月の実績が計画を上回る』。そうすることによって『見通しを上方修正していく』。それが楽しくて、楽しくて、数字を追うことを教えてもらったのが大きかった」と、最も数字に敏感になっていったということです。

私が代表を務める税理士法人では、すべての顧問先に対して月次の財務報告会を行なっています。

社長さんや経理担当者、役員の方々などに集まっていただき、先月と比べて売上や費用、利益がどれだけ増減したのか、その結果、バランスシートはどう変化したのか、ということをこと細かに説明します。

もちろん数字の変化には、それをもたらした原因があり、社長さんたちにはその心当たりがあるはずです。

「なぜ、この店舗の売上が下がっているのですか？」「交際費がかなり増えているようですが、何か大きな商談でもありましたか？」と根掘り葉掘り聞いて、問題があればすぐ潰すようにアドバイスしています。

このように、問題を早期に発見して、大きくならないうちに軌道修正を図っておくことは、赤字を免れるための基本だと言えます。

月次決算には、経営者のモチベーションを高めてくれる効果もあります。

また、「毎月いくらずつ儲かっているのか」ということがわかると、経営が楽しくなり、気持ちが前向きになっていくものです。やる気を高め、課題を早期発見するためにも、ぜひ月次決算を実践してみてください。

12 野球同様、経営にも「表」と「裏」がある

〝攻め〟と〝守り〟のバランスが大切

元読売巨人軍の名投手で、メジャーリーグでも活躍した野球評論家の桑田真澄氏は、「表と裏を両立させること」を人生哲学にしています。

桑田氏によると、野球と同じように、物事にはすべて「表」と「裏」があります。野球で先攻の場合、「表」は攻撃で、「裏」は守備。攻撃で10点取っても、相手に11点取られたら試合には勝てません。逆に、守備を固めて0点に抑えたとしても、1点も取れなかったら、試合は引き分けに終わってしまいます。

そのことから桑田氏は、野球に勝つためには、表(攻撃)と裏(守備)を両立させなければならない。そしてそれは、人生も同じだと思うようになったのだそうです。

人生には、栄光(表)と挫折(裏)があります。挫折から立ち直るためにひたすら努力することが、運やチャンスをもたらし、栄光に導くのだと桑田氏は言います。

この桑田氏の考え方は、経営にもそのまま当てはめることができます。

経営にも、〝攻め〟の経営（表）と〝守り〟の経営（裏）があるのです。

〝攻め〟の経営とは、売上を伸ばすための経営です。

事業を大きくするため積極的に設備投資をしたり、人や店舗を増やしたりすることは、〝攻め〟の経営の典型例です。

これに対し、〝守り〟の経営とは、会社から出ていくお金を減らし、利益を増やすための経営です。

借り入れを減らし、無駄な交際費や出張経費などを抑えて、会社にお金が残るようにすることです。

私は、野球と同じように、経営でも〝攻め〟と〝守り〟のバランスを取ることは非常に重要だと思います。

〝攻め〟の経営には先行投資が不可欠ですし、その規模によっては、自己資本だけでは足りず、借り入れをしなければならなくなる場合もあります。結果として〝守り〟が甘くなってしまうのです。

逆に〝守り〟の経営に偏り過ぎると、〝攻め〟の力が弱まって、売上を伸ばすことが難しくなり、会社の成長スピードが鈍ってしまいます。

ですから、会社を安定的に成長させるためには、〝攻め〟と〝守り〟のどちらにも偏り過ぎることなく、バランスを保つことが大切なのです。

〝攻め〟と〝守り〟のバランスは、会社が置かれている状況やタイミングに応じて柔軟に調整することも大切です。

赤字や債務超過に苦しんでいるのなら、まずは〝守り〟に徹するべきでしょうし、黒字化を果たし、売上を伸ばしていくステージに入ったら、徐々に〝攻め〟の経営に軸足を移していくのもいいでしょう。

13 〝攻め〟は収益性や生産性、〝守り〟は資金性や安定性を見る

〝攻め〟と〝守り〟の経営状況を示す6要素

では、〝攻め〟の経営と〝守り〟の経営の状況や、バランスが取れているかどうかは、どのような指標に表われるのでしょうか？

私は、会社経営の体力は、次の6要素によって診断できると考えています。

収益性　経営活動で本当に儲かっているか
生産性　能率よく成果が上がっているか
資金性　投下資本の回収は効率よく行なわれているか
安定性　バランスのよい経営がなされているか
健全性　資金の調達・運用形態は良好か
成長性　業績は順調に伸びているか

このうち、〝攻め〟の経営の状況を示す要素は、収益性、生産性、成長性の3つ。〝守り〟の経営の状況を示す要素は、資金性、安定性、健全性の3つです。

それぞれの要素が良好か、そうでないかを判定する指標は、【図5】にまとめたので参考にしてください。

私が代表を務める税理士法人では、顧問先への決算報告時に、この6要素に基づいた決算診断を行なっています。

診断結果は、【図6】のようなレーダーチャートを用いて、要素ごとのレベルの高さと、それぞれのバランスを示し、どの要素が不十分なのかを視覚的に理解できるようにしています。大きく、整った六角形が描き出されるのなら、経営体力が高く、〝攻め〟と〝守り〟のバランスが取れていると言えます。

これを参考に、ぜひ一度、あなたの会社の経営体力や〝攻め〟と〝守り〟のバランスを判定してみてください。

図5 経営体力を診断するための指標

6要素	指標	わかること
収益性	総資本経常利益率	投下資本の利益貢献度
	限界利益率	顧客満足度の価値
	売上高営業利益率	本業の営業活動の利益率
	売上高経常利益率	経営活動の利益率
	売上高支払利息率	金利負担の効率性
生産性	一人当たり限界利益	一人当たり正味稼ぎ高
	一人当たり営業利益	一人当たり本業活動成果
	一人当たり経常利益	一人当たり経営活動成果
	労働分配率	人件費と稼ぎ高のバランス
	固定資産投資効率	固定資産の利益貢献度
資金性	総資本回転日数	投下資本の売上貢献度
	受取勘定回転日数	売上代金の回収の早さ
	棚卸資産回転日数	棚卸資産の足の早さ
	固定資産回転日数	固定資産の売上貢献度
	支払対受取回転日数比	回収と支払いのバランス
安定性	経営安全率	経営環境への対応力
	借入金安全率	自己資本と借入金のバランス
	債務償還可能年数	債務償還できる力の強さ
	借入月商比率	売上高と借入額のバランス
	預金対借入金比率	借入返済の余裕度
健全性	自己資本比率	企業生命力の強度
	固定比率	自己資本の投資充当度
	固定長期適合率	長期資金の投資充当度
	流動比率	短期支払能力
	当座比率	現在の支払能力
成長性	売上高増加率	売上高の伸び
	限界利益増加率	稼ぎ高の伸び
	営業利益増加率	本業成果の伸び
	経常利益増加率	経営成果の伸び
	自己資本増加率	自己資本力の強化度

図6 6要素から見た傾向

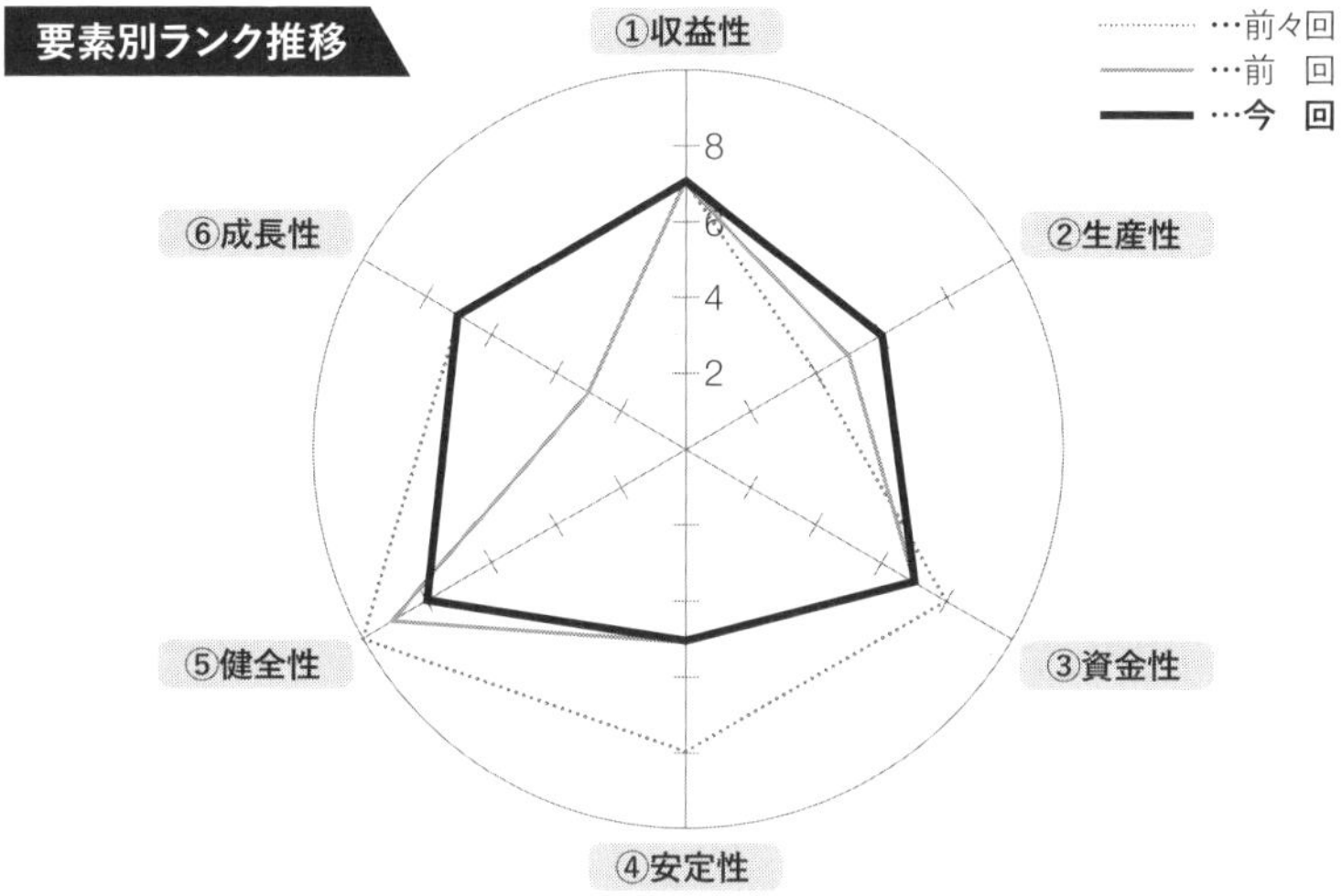

	①収益性	②生産性	③資金性	④安定性	⑤健全性	⑥成長性
前々回	7	4	8	8	10	7
前　回	7	5	7	5	9	3
今　回	**7**	**6**	**7**	**5**	**8**	**7**

今回の決算では

① [**収益性**]は、ややよく、前回と同じレベルを維持しています。
② [**生産性**]は、ややよく、前回に比してやや上昇傾向にあります。
③ [**資金性**]は、ややよく、前回と同じレベルを維持しています。
④ [**安定性**]は、標準レベルで、前回と同じレベルにあります。
⑤ [**健全性**]は、非常によいものの、前回に比してやや下降傾向にあります。
⑥ [**成長性**]は、ややよく、前回に比してかなり上昇傾向にあります。

14 会計は結果、財務は未来を示す

現状を把握して、無理のない事業投資を

会計と財務という言葉は、よく混同されがちです。

会計とは、請求書や領収書といった伝票を経理処理すること。

財務とは、会計が処理した内容をもとに、B／SやP／Lなどの財務諸表を作成する仕事のことです。

会計処理とは、すでに売上の立った請求書や、支払った費用の領収書などの伝票処理ですから、あくまでも結果をまとめるにすぎません。

それに対し財務は、経営者が今後の経営を進めていくうえで必要な情報（財務諸表）を提示するのですから、未来に関わる仕事だと言えます。

ですから私は、常々「会計は結果、財務は未来である」と言っています。

経営者が財務諸表を見るときには、売上や利益がいくら増えた（減った）のか、資

本や債務がどれだけ増えた（減った）のかといった結果を確認するだけでなく、その財務状況の中で、どうやって未来の経営を進めていくかを考えるべきだと思います。

たとえば今後、事業を大きくするために人を増やそうと考えているのなら、足元の人件費率の状況をしっかりと把握しておかなければなりません。

すでに人件費率が高水準に達しているのに、それを見もせず新たな人材を大量採用すると、経営はたちまち危険な状況に追い込まれてしまう可能性があります。

ちなみに、昔のサラリーマンは「自分がもらう給料の3倍は稼げ」と言われたものですが、いまは社員ひとりに1台のパソコンや携帯電話などを支給し、その他もろもろの経費もかかるようになっているので、給料の4倍は稼いでもらわないと採算が取れません。人件費率の上昇圧力は、昔と比べてかなり高くなっているのです。

そうした事情を理解せず、どんぶり勘定で人を増やしてしまうことは、絶対に避けなければなりません。

財務諸表に示された数字（現状）をしっかり認識して、無理のない事業投資を行ないましょう。

第3章

「お金の出入り」12の心得

1 一度の赤字を取り返すには2、3年かかる

赤字を放っておくと、会社は「生きる力」を失ってしまう

「赤字はあかん。会社は絶対黒字にせなあかんで」

私は、顧問先の経営者の方々と顔を合わせるたびに、口を酸っぱくして言い続けています。あまりにもしょっちゅう言われるので、「またか」とうんざりしたり、心の中で苦笑いしておられる社長さんもいらっしゃるかもしれません。

しかし、会社が長く生き延びていくためには、「赤字を出さない」「余分な借金をしない」という気概を持って経営に臨むことが絶対に欠かせません。

経営者がその気持ちを失うと、会社は「生きる力」を失ってしまいます。

中には、「うちはこれまで何度も赤字に陥った。でも、会社はちゃんと続いている。一度や二度、赤字になったからと言って、そう神経を尖らせる必要はないのでは？」と、反論する経営者の方もいらっしゃるでしょう。

これは私の顧問経験から言えることですが、一度赤字を出してしまった会社は、それを取り返すのに2、3年はかかります。

「今年はダメでも、来年がある」という甘い考えで経営に臨んでいると、黒字を常態化させるためのハードルがどんどん上がってしまうのです。

かつてあるプロ野球の元監督が、『一勝二敗の勝者論』という本を書いて話題になったことがあります。

勝負や人生において、勝ちにこだわり過ぎることを戒める内容だったと記憶していますが、こと企業経営においては、負けが込むことは会社の命に関わります。

全戦全勝は無理だとしても、2勝1敗、3勝1敗と、少しずつ勝率を上げていく努力が求められるのです。

赤字を長く繰り越せる仕組みが、経営者のやる気を削ぐ

ましてや赤字続きに慣れっこになり、ほったらかしにしてしまうことは絶対に避けなければなりません。

何度も言いますが、経営者が覚悟を持って取り組めば、どんな会社でも必ず黒字化

は実現できます。あきらめたり、問題を先送りにしないことが大切です。

中小企業経営者の多くが赤字をほったらかしにしてしまうのは、いまの税制にも原因があるのかもしれません。

青色申告をしている企業の場合、欠損金（赤字）が生じると、その欠損金を翌年度以降に繰り越すことができます。

かつては繰り越せる期間が5年間でしたが、その後7年間となり、現在の税制では9年間と少しずつ延長されてきました。

長引く不況で、中小企業の多くが儲けを出せなくなったことから、国が救済措置を講じたのだと言えますが、このモラトリアム（執行猶予）が、経営者のやる気を削いでいる側面があることは否めません。

欠損金の繰り越しが5年間のときは何とか早く利益を出そうとしましたが、9年間になってからは「ゆっくり利益を出していけばいい」「ぼちぼちやろう」となってしまう。制度に甘えることなく、強い意志を持って黒字化を目指しましょう。

2 健全な会計に健全な精神宿る

健全な精神を失うと、企業は粉飾に走る

私の父が生前よく言っていた言葉のひとつに、

「健全な会計に健全な精神宿る」

というものがあります。

健全な会計とは、会社へのお金の出入り（売上・費用）や、財布の中身の状況（資産・負債・資本の状況）をありのままに、きちんと計上することです。

会計がいい加減になると、人はどうしても嘘偽り、粉飾や脱税に手を染めたくなるものです。そうした不健全な考え方や行動が引き金となって、会社を破たんの危機に追い込んでしまうケースがあまりにも多いのです。

父の話によると、かつては「税金を安くするために、どんな方法でもいいから決算書をつくり直してほしい」「借り入れのために、利益をかさ上げした決算書をつくってほしい」と依頼してくる顧問先も少なくなかったそうです。

父は、そうした依頼を一切受け入れず、強要してくる会社とは顧問契約を解消しました。もちろん、私もその意志をしっかりと受け継いでいます。

健全な会計を失った会社は、経営のための努力を怠るようになります。

真面目に経営に取り組んでいる社長さんなら、5万円、10万円の売上を稼ぐのがどれだけ大変なことか、1万円のお金を残すのにどれだけ血のにじむような努力が求められるのか、身に染みて感じていることでしょう。

けれども会計の数字をちょっといじれば、5万円や10万円など簡単にひねり出せると思っている経営者は、必死になってお金を稼いだり、無駄遣いを我慢したりすることが馬鹿らしく感じるようになってきます。

その結果、会社は稼ぐ力を失い、お金が残らなくなって赤字や借金に苦しむようになるのです。会社が「生きる力」は、「健全な会計」によって支えられると言っても過言ではありません。

赤字や借金が増えてお金が回らなくなると、経営者は必ずと言っていいほど粉飾に走ります。利益をかさ上げした決算書を出して銀行からお金を借りて返せなくなったら、それは明らかな詐欺行為です。

逆に、本来は出ている利益をなかったことにして赤字の税務申告をするのは、紛れもない脱税行為です。

このように、あってはならないことを普通にやっている中小企業が意外に多く、それを手助けする税理士も少なからずいることに、私は強い憤りを覚えます。違法行為が発覚すれば、会社の信頼はたちまち失われ、一瞬にして命運が絶たれるからです。しかもそれを手助けするというのは、会社の存続や成長を会計の側面で支えるという税理士本来の存在意義をはき違えています。

「健全な会計に健全な精神宿る」という教訓は、しっかりと心に刻んでください。

3 経理の記録は完璧に

経営の明快な基準となる「会計の10大原則」

そもそも「不健全な会計」がまかり通ってしまうのは、会計が経営の基本であることを十分に理解せず、軽く考えている経営者が多いからだと思います。

会社へのお金の出入りや、財布の中身の状況を正確に把握することは、経営を正しい方向に導いていくための基本です。第2章でも述べたように、会計を知らずに経営を語ってはいけません。

では、会計を経営に生かすためには、どうすればいいのでしょうか。

経営者が必ず見るべきなのは、B/S（貸借対照表、バランスシート）とP/L（損益計算書）のバランスです。資産に対して債務が多過ぎないか、売上に対して費用がかかり過ぎていないかということは、この2つの財務諸表を見れば一目瞭然です。

債務が多過ぎるのなら借りたお金をなるべく早く返す、余計に借り過ぎないという対策が見えてきますし、売上に対して費用がかかり過ぎているのなら売上をもっと伸ばしたり、無駄な経費を抑えたりするといった行動方針が定まります。

目の前の状況を踏まえて、「やるべきこと」が明らかになるわけです。

そのほかの細かい部分については、私たち税理士に任せていただいて構いません。

第2章で紹介した、会社の経営体力を示す6要素（収益性・生産性・資金性・安定性・健全性・成長性）などを診断するには、財務諸表から抽出した数字を細かく分析する必要がありますし、そのためには専門教育による会計知識が要求されます。

そうした知識を持った人材がいる会社や、会計システムを使って簡単に集計・分析できるという会社であれば、社内で十分対応できると思いますが、たとえ人材やシステムが整っていなくても、私たち税理士に頼んでいただければ、細かな分析に基づいて適切なアドバイスが提供できます。

ただし、その前提となるのは、日々の経理記録を完璧にしておくことです。

どんなに優秀なお医者さんでも、患者さんが症状を正確に伝えないと診断を誤りかねないように、経理が記録した数字に抜け漏れや間違いがあると、財務分析の精度は低くなってしまいます。

ましてや脱税や粉飾といった行為は「人間ドックの数値を変えといて」と言ってい

るのと同じで、何の得にもなりません。ただ命を縮めるだけです。

日々の経理記録を完璧にしておくことは、会計の大原則のひとつです。

私の父は長年、これを含めた「会計の10大原則」を守って経営を実践することを、顧問先の経営者の方々に提案してきました（【図7】参照）。

これは、会社が黒字化を果たすために、経営者が財務諸表のどこを見ればいいのかを示す明快な基準です。以下、「10大原則」のいくつかについて詳しく解説します。

図7 中小企業が再生する明快な基準「会計の10大原則」

① 経理の記録は完璧に

② 自己資本比率50%超(信用バランス)

③ 固定資産は自己資本の範囲内(健全バランス)

④ 受取手形+売掛金≧支払手形+買掛金

受取手形+売掛金サイト<支払手形+買掛金サイト

⑤ 流動負債+固定負債<流動資産

⑥ キャッシュフローは何より大事(余裕バランス)

⑦ 売上−コスト=利益ではなく、売上−利益=コストである

⑧ 固定費の変動費化

⑨「税はコスト」の潔さが企業を強くする

⑩ 変動費のさらなる変動費化

4 「売上－費用＝利益」ではなく、「利益＋費用＝売上」で考える

目標の利益を出すには、いくら売らなければならないのか？

赤字をなくすためには、「利益を残す」という発想を持つことが大切です。

どんなに売上を上げたとしても、費用がかかり過ぎて利益が残らなくなってしまったり、働けば働くほど赤字になってしまったりするのでは、何のために仕事を受けているのかわかりません。

「最低限、これだけの利益は残す」という目標を定め、そのためにはいくら売上を上げなければならないのか、費用はいくらに抑えなければならないのか、ということを逆算しながら営業計画を立てるべきです。

これを実践するためには、会社へのお金の出入りについて、

「売上－費用＝利益」ではなく、

「利益＋費用＝売上」で考えることが大切です。

一般に中小企業の経営者の中には、売上目標は立てるけれど、それを稼ぐためにかかる費用については無頓着な方が少なくありません。

中には、「費用はその時々で増減するものだから、考えても意味がない」と割り切ってしまっている経営者もいらっしゃいます。

そういう方は、とにかくがんばって商品やサービスさえ売れれば、利益はあとからついてくるという〝出たとこ勝負〟の発想に陥りがちです。

運がよければ利益はたくさん残るし、悪ければ残らない。結果はフタを開けてみなければわからない、という無計画な経営になってしまうのです。

会社へのお金の出入りを「売上－費用＝利益」という図式で考えると、どうしても売上重視、利益は二の次という経営になってしまいます。

図式を入れ替えて「利益＋費用＝売上」とすると、利益への関心度がもっと高まるのではないでしょうか。

売上とは、利益と費用を合わせた金額です。

費用を抑えれば、その金額分だけ利益が大きくなり、費用が増えれば、その分だけ利益は小さくなります。

この関係性を頭の中できちんと整理できれば、無駄な費用を抑えて利益を増やそうとする経営のモチベーションが働くに違いありません。

ちなみに、先ほど紹介した「会計の10大原則」の中に、「売上－コスト＝利益（または損失）ではなく、売上－利益＝コストである」というものがありますが、これもまったく同じ考え方です。

売上から利益を引けば、その利益を稼ぐためにコスト（費用）がいくらかかっているのかがわかります。

これによって費用の大きさを実感し、意識的に減らそうと経営努力することが、会社を黒字化に導くのです。

5 「儲け」「黒字」「返済」「成長」のサイクルを回す

会社が一体感を持って動き出す環境づくりを

物事の流れには、「好循環」と「悪循環」があります。

赤字続きの会社は、儲からない（利益が残らない）から赤字になる、赤字を補てんするために借り入れをしなければならなくなる、借り入れの返済負担が重くなって、ますます黒字化が遠のく、という悪循環に陥ってしまいがちです。

けれども、循環には必ず〝始まり〟があります。その始まりのところで流れを切り替えれば、悪循環を好循環に逆転させることも可能です。

赤字経営という悪循環の始まりは、儲からないことです。

流れを切り替えるために、売上を伸ばしたり、利益がきちんと残るように費用を抑えたりすれば、そこを起点として「儲かる」→「黒字になる」→「借り入れの返済が進む」→「資本の充実によって成長投資が実現する」という好循環が回り出すのです。

このように「儲け」「黒字」「返済」「成長」の4つのサイクルをリズミカルに回していくことは、企業経営を成功に導くための重要なポイントです。


この好循環をリズミカルに回すためには、そのための土台を整えることが必要です。

それは、企業としての明確な理念や目標です。

明確な理念や目標のもとで、経営者が「してもいいこと」をきちんと実践すれば、おのずと儲けのリズムが生まれてきます。

さらに、「入るを計って出ずるを制す」（売上を最大化し、費用を最小化する）という会計重視の経営に臨めば、会社が自力で成長できる力は自然に養われていくのです。

父は、会社経営を好循環で回転させるこれらの要素を、「企業の五則」（【図8】参照）として顧問先の方々に紹介してきました。

この五則がうまく機能し、会社が一体感を持って動き出す環境をつくり上げれば、黒字化は必ず実現できます。

図8『企業の五則』

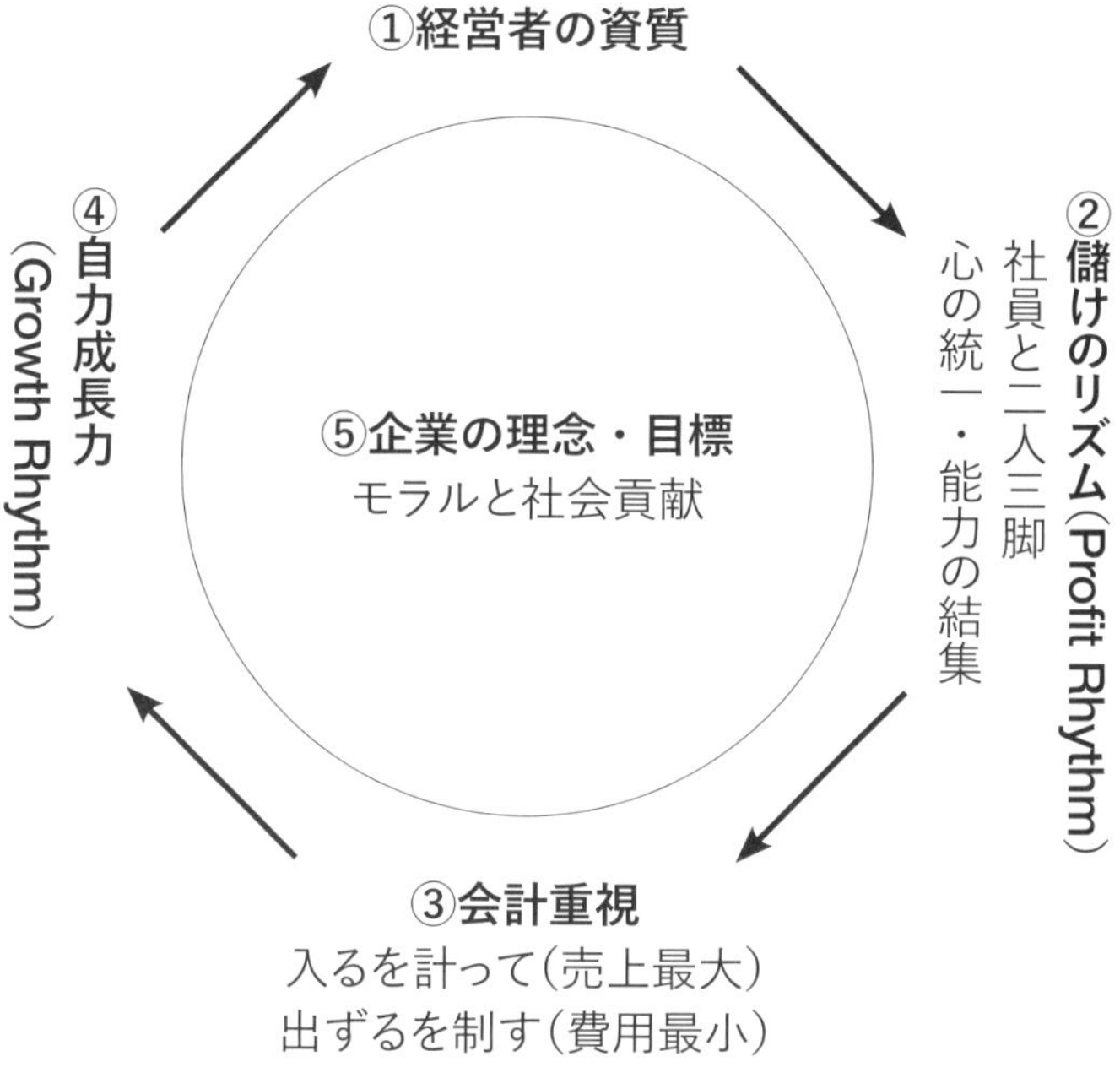
①経営者の資質
②儲けのリズム(Profit Rhythm)
社員と二人三脚
心の統一・能力の結集
③会計重視
入るを計って(売上最大)
出ずるを制す(費用最小)
④自力成長力
(Growth Rhythm)
⑤企業の理念・目標
モラルと社会貢献

6 「税はコスト」の潔さが会社を強くする

「節税のための赤字」という発想は、経営者を後ろ向きにする

税理士は、企業の節税や、銀行からの借り入れを手助けするのが仕事であると思っている経営者の方は少なくありません。

そういう税理士の方がいらっしゃるのは事実ですし、同業者の仕事についてとやかく言うつもりはありませんが、あまりにも一面的な見方だと思います。

私は、企業の節税をお手伝いすることは、税理士の数あるサービスのひとつに過ぎず、それも決して優先度の高いサービスではないと思っています。

なぜなら、顧問先の税務や会計をお手伝いすることの本質的な意義は、その会社に儲けていただくこと、成長していただくことにあると思っているからです。

もちろん節税をすれば、その分、会社から出ていくお金は減ります。

しかし税金を減らすためには、利益も抑えなければなりません。

それでは企業は儲からなくなってしまいますし、資本が十分に蓄えられないので、成長も覚束なくなってしまいます。無理に成長しようと思って多額の借り入れをすると、返済負担が重くなって、ますます成長ペースが鈍ってしまうのです。

ですから、経営の効率化のために、節税効果が期待できるスキームを要所に活用することはあっても、節税を第一の目的とするのは間違っていると思います。

むしろ税金は、ほかのコスト（費用）と同じく、利益を残すために支払わなければならない必要経費であると考えるべきでしょう。

先ほど、企業が目標の利益を残すためには、「利益＋費用＝売上」の図式でお金の出入りを考えることが大切だと言いましたが、この図式の「費用」の部分に、税金も含めて考えていただきたいのです。

「利益を残すために、必要な税金を納めるのだ」と発想を切り替えることができれば、「そのためには、売上をこれだけ上げなければならない」「どうやって商品やサービスを売っていくべきか？」と、経営に向き合う意識が前向きになっていくはずです。

反対に、節税のために利益を少なくしたり、赤字にしようとする発想は、経営者の意識をどんどん後ろ向きにしてしまいます。

「どんなに稼いでも、どうせ税金で取られるのだから、ほどほどにしておこう」とか、「なるべく経費を遣って赤字にしてしまおう」という気持ちに陥りやすくなってしまうのです。

売上の規模が大きくなればなるほど、費用の規模も膨らんでいくのは当然のことです。納めるべき税金が増えていくのは、会社が着実に成長している証だと言っていいでしょう。

前向きな経営を実践し、会社を強くしていくためにも、「税は必要なコスト」と潔く割り切ることが大切です。

7 自己資本比率50％以上を目指せ

過分な借り入れは、経営を不安定化させる

先ほど紹介した「会計の10大原則」のひとつに、「自己資本比率50％超」というものがあります。

自己資本比率とは、総資本（自己資本＋他人資本）に対して、自己資本がどれだけの割合に達しているのかを示す指標です。

自己資本は、株主が出資したお金や会社が稼いだ利益などで、純資産とも呼ばれます。銀行などから借りたお金（他人資本）ではないので、返済の義務がありません。

これに対し他人資本は、銀行やほかの法人、個人などから会社が借りたお金や、買掛金や未払金のような、まだ支払っていないお金のことです。そのためB／Sでは、他人資本は債務と呼ばれています。

もちろん、借りたお金は必ず返済しなければなりません。景気が悪くなったり、会

社の財務状況に陰りが見えはじめたりすると、貸し手から「早く返してほしい」と催促されることもあります。それによって他人資本が減ると、会社の経営は不安定化しやすくなります。

また他人資本の割合が高まると、その分、借り入れの返済負担も重くなって、会社の資金繰りが悪化する恐れもあります。

経営を安定化させるためには、借り入れをなるべく少なくし、返さなくてもいい自己資本を増やすこと、つまりが自己資本比率を高めることが大切なのです。

最も理想的なのは自己資本比率１００％の「無借金経営」ですが、それを実現するのは簡単なことではありません。

大型の機械や設備を導入しなければならない製造業や、大規模な店舗を構えなければならない流通業などは、どうしてもお金を借りなければならず、自己資本比率が低くなってしまうことがあります。

それでも会社を倒産リスクから遠ざけるためには、自己資本比率50％以上を目指したいものです。

自己資本比率を高めるためには、借りているお金をなるべく返す、利益をなるべく残して自己資本に充当する、という両面からのアプローチが大切です。

売上が上がらず、赤字続きの会社であれば、まずは会社から出ていく費用を抑えて、利益をしっかりと残すことが先決です。

ちなみに、借り入れはなるべく減らすべきですが、会社の自己資本比率が高まると逆に銀行などからの借り入れがしやすくなるという効果もあります。

銀行から「借金の少ない会社なら、貸し倒れの危険は少ないだろう」と見られ、信用力が高まるからです。

このように自己資本比率は、銀行や取引先などが会社の信用力を測る物差しにもなります。自己資本比率が高い会社なら、手形の不渡りなどのリスクも低いので、取引先にも安心して取引を継続してもらえます。

信用を得て売上を伸ばすためにも、自己資本比率50％以上を目指しましょう。

8 流動負債は、流動資産の範囲内に収める

1年以内に支払うお金は、現金化できる資産よりも少なくする

B／Sに含まれる資産や負債には、さまざまな種類のものがあります。

たとえば資産には現金や預金のほか、まだ受け取っていない商品やサービスの代金（売掛金）、商品の在庫、自動車、機械・設備、不動産などが含まれます。

一方、負債には、銀行からの借入金だけでなく、外から仕入れた商品や原材料、外注費などの未払い分（買掛金）も含まれます。これらを仕入債務と言います。

これらの資産や負債は、B／S上では「お金に換えやすい」順に上から並べるのがルールとなっています。

資産の場合、お金そのものである現金や預金はいちばん上に記載し、その下に売掛金、在庫、自動車、機械・設備、不動産などの順で書き並べていきます。下に行くほ

ど、お金に換えるのに時間がかかる資産ということになります。

負債については、1年以内に返済しなければならないものを流動負債、1年以上かけてゆっくり返済するものを固定負債と言います。銀行から1年以内の短期で借り入れたお金や、仕入れ先にまだ支払っていないお金は、流動負債に含まれます。

流動負債であれ、固定負債であれ、借りているお金はいずれ返さなければなりませんが、差し迫って返す必要があるのは流動負債です。

その額によっては、1年以内に多額のキャッシュを工面しておかなければならなくなるわけですから、流動負債の状況はしっかり把握しておく必要があります。

もちろん、うっかり資金がショートしないように、流動負債はなるべく少なくしておくのが望ましいことは言うまでもありません。

目安としては、流動負債が流動資産の範囲内に収まっているかどうかをチェックしましょう。1年以内にお金に換えられる流動資産の金額が流動負債を上回っていれば、ひとまず資金ショートの危険は回避できるはずです。

流動負債の金額が流動資産を上回っている場合は、短期の借入金を借り換えたり、買掛金の支払いを先延ばしにしてもらったりすることも考えてみるべきでしょう。

しかし何より大切なのは、日々の事業活動で利益をできるだけ残して、流動資産の厚みを持たせておくことです。

中小企業の経営者の多くは資金繰りを気にしているようで、実はどんぶり勘定という方が少なくありません。

したがって個人の預金額は答えられても、会社の預金額は即答できないのです。会社のお金も着実に積み立て、満期が来れば定期預金にするという発想がないのです。この発想を持つことが重要です。

また、流動負債への対処に没頭すると、つい、固定負債への対処がおろそかになってしまうこともあります。「まだ時間があるから」と余裕を持って構えていると、思わぬキャッシュ不足に直面する危険も潜んでいます。

「会計の10大原則」にも掲げたように、できることなら流動負債と固定負債を合わせても下回るほど、流動資産に厚みを持たせておくのが理想だと言えます。

9 固定資産は、自己資本の範囲内に収める

建物や機械・設備は、なるべく借り入れをせずに取得する

「会計の10大原則」のひとつに「固定資産は自己資本の範囲内」というものがあります。自動車や機械・設備、不動産といった固定資産の総額は、返済の必要がない自己資本よりも少ない金額に収めましょうという原則です。

固定資産を取得するには多額の資金が必要です。そのため、会社のお金（自己資本）だけでは足りず、銀行から借り入れをして取得するケースが珍しくありません。

しかし、それによって債務（他人資本）が大きくなると、自己資本比率は下がってしまいます。会社の運営や成長のために必要な固定資産が増える一方で、借金の負担が重くなり、経営を不安定化させてしまうのです。

会社経営を安定させるためには、借金は少ないに越したことはありません。

ですから、自動車や機械・設備、不動産といった固定資産を購入する場合には、な

るべく借り入れをせず、自己資本の範囲内に収めることが大切なのです。

もちろん、事業をさらに大きくしていくには多額の設備投資が必要で、そのためにはどうしても借り入れせざるを得ないといった事情もあるでしょう。

周到な事業計画や返済計画をつくったうえで借り入れるのなら、問題ないと思います。それでも、「固定資産は自己資本の範囲内に収める」という原則を徹底し、借り過ぎないようにすることが大切です。

歯止めをかけず、銀行に言われるままや無計画にお金を借りると、債務負担が重くなり過ぎて、資金繰りが苦しくなる恐れがあります。

この設備投資は必要なのか、何のために借り入れをするのか、ということをしっかり自問自答して、本当に必要だと判断したときだけお金を借りましょう。

絶対に避けなければならないのは、見栄や自己満足のために、いらない借金をすることです。

社長個人が見栄を張るため、会社に借金をさせてまで高級外車を購入するとか、必要もないのに多額の借り入れをして大きな自社ビルを建設するといったことは、会社の首を経営者自らが絞めるような行為です。
見栄を張りたいのなら、しっかり稼いで、自己資本を蓄えてからにしましょう。

10 固定費を変動費化し、変動費はさらに変動費化する

本当に経営が苦しいなら、社員の給料を下げることも考える

費用には、固定費と変動費の2種類があるということは、会計をあまりよく知らない社長さんでもご存じの方が多いと思います。

変動費とは、売上の変化に比例して増減する費用のこと。固定費とは、売上の増減にかかわらず一定にかかる費用のことです。

製造業であれば、注文が増えるほど、原材料や部品の仕入れ、外注などの費用も増えていきます。小売りの場合は、商品の仕入れや得意先への配達の費用などは、売上が大きくなるほど増えていきます。このように、仕入れや外注、輸送などの費用はつねに増減するので、変動費に含まれます。

一方、人件費や建物の賃料、水道光熱費、通信費といった費用は、売上が変化してもほとんど増減しません。ですから、これらの費用は固定費に含まれます。

変動費は、売上とほぼ同じ比率で増えていきますが、固定費はつねにほぼ一定なので、売上が伸びれば伸びるほど、売上に対する固定費の割合は小さくなります。その分、利益も膨らんでいくわけです。

ところが、売上が下がってしまうと、売上に対する固定費の割合はどんどん大きくなっていきます。

変動費は売上の下落とともに減少しますが、人件費や建物の賃料を減らすのは、そうたやすいことではありません。それでも何とか減らさないと、せっかく稼いだ売上の大半を固定費の支払いに取られ、最悪の場合は赤字になってしまいます。

固定費を減らすためには、社員の給料を下げる、福利厚生の質を下げる、借りている建物の賃料を下げてもらうように大家さんと交渉する、といった努力が必要です。

社員の給料を下げるのは心苦しいと思うかもしれませんが、背に腹はかえられない状況に会社が追い込まれているのであれば、社員の方々に包み隠さず説明して、理解をしてもらうほかはありません。

もちろん、最初に下げるべきは社長自身の給料です。社員だけに痛みを押しつけるというのでは納得してもらえないでしょう。

固定費は簡単に減らせるものではない、と思っている社長さんが多いようですが、じつは、たやすく見直せるものも少なくありません。

たとえば、営業マンに携帯電話を持たせている会社であれば、料金のおトクな格安スマートフォンに契約を変更するという方法もありますし、電力の小売り自由化によって、安い電気料金プランを提供する新電力会社も増えています。

そうしたサービスへの見直しによって、固定費を変動費化していくのです。

変動費についても、仕入れや外注の値下げ交渉などによって、さらに変動費化することが可能です。

粘り強い交渉が求められるのは言うまでもありませんが、「利益を残すためには、何が何でも費用を下げたい」という強い意志をもって臨むべきです。

11 会社を元気にするコスト削減を実践する

主役は社員！「ポジティブなコスト削減」の意識を根づかせる

固定費を減らす方法は、ほかにもいろいろあります。

たとえば、企画書や会議資料などのコピーの枚数を減らす、残業を減らしてオフィスの電気使用量を抑える、電話の通話時間のルールを決めるといったことも、地道な取り組みではありますが、積み重なれば固定費の大きな削減に結びつくものです。

これらの取り組みを実践するには、社員一人ひとりに「コスト管理意識」を持ってもらうことが欠かせません。

コスト削減の主役は、社員の方々なのです。

ひとりでも多くの社員に、「自分が日ごろから省エネや節約を心がけることが、利益に結びついて、会社を元気にするのだ」という意識を持ってもらえれば、前向きな取り組みとして、社内にどんどん広がっていくはずです。

それによって目に見えるコスト削減効果が表われると、社員のやる気に火がついて、「もっとコストを下げよう」という意識が高まります。

仕入れ先や外注先との価格交渉にも力が入り、変動費をさらに変動費化する取り組みが前進するかもしれません。

コスト削減というと、どうしてもネガティブなイメージがぬぐえないものです。儲からないから社員の給料を下げざるを得ない、福利厚生の質を落とさざるを得ないというのは、窮地に陥れば致し方ありませんが、そうなる前に「ポジティブなコスト削減」の意識を社員に根づかせ、前向きな行動を促したいものです。

「ポジティブなコスト削減」の意識が社員に定着すれば、それは企業風土として受け継がれていきます。

その結果、会社はどんどん稼ぎやすい体質になっていくのです。

これを実現するためには、経営者がコスト削減の意義を社員にしっかりと伝え、やる気を持って取り組んでもらえるようにしなければなりません。

コスト削減は、会社を元気にする源であること。その主役は、社員の方々であるということをしっかり認識してもらう必要があります。

伸びている会社ほど、社員のコスト削減意識が徹底し、前向きに取り組んでいるものです。自社の成長を促すためにも、ぜひ「ポジティブなコスト削減」を実践してみてください。

12 経営は〝腹八分目〟がちょうどいい

売上が目標に届かなくても利益が残るようにしておく

ビジネスには、思わぬリスクがつきものです。

大きな取引先を突然失って、予定していた売上が立たなくなるとか、貸し倒れが発生して多額の代金を取り損ね、売上が大きく減ってしまうといったことも皆無ではありません。

どんなに費用を抑えても、予定どおりの売上が上がらなければ、損失を計上してしまう恐れがあります。

これを防ぐためには、事前の事業計画において、目標とする利益の幅になるべく厚みを持たせておくことが大切です。

私が顧問先の社長さんたちに薦めているのは、経常利益率20％を目標として売上の計画を立てることです。

たとえば、経常利益2000万円を目指すのなら、1億円の売上を稼ぐようにするわけです。

これなら、仮に売上が目標に届かなかったとしても、8000万円以上を確保すれば費用を上回るので、利益を残すことができます。

目標とする売上をあらかじめ高めに設定しておけば、何らかの不測の事態が発生して売上が減っても、赤字は免れるのです。


このように、目標とする売上を〝満腹〟とした場合、その八掛けでも利益が残る経営を、私は〝腹八分目経営〟と呼んでいます。

今日のように、世の中の動きや景気の変動が目まぐるしい時代には、たとえ不測の事態が起こらなくても、売上が計画どおりに立たなくなることは十分考えられます。

高めの売上目標を立てる場合は、なおさら費用をしっかりと抑えて、〝腹八分目〟でも利益が残るように計画を立てたほうがいいでしょう。

赤字を出しやすい企業は、売上に対して費用の割合が高過ぎる傾向があります。

〝腹八分目〟（経常利益率20％）を目指して、切り詰められる費用はしっかりと切り詰めてください。

第4章

「お金の貸し借り」6の注意点

1 倒産の芽は好調なときに育つ

事業が好調なときほど、銀行はお金を貸したがる

事業を大きくするためには、機械や設備を導入したり、店舗を増やしたり、人を雇ったりしなければなりません。会社のお金で足りなければ、銀行から借りて資金を賄う必要があります。

私は、明確な目的を持って前向きな経営のために遣うお金であれば、銀行から借りてもいいと思います。もちろん、返済コストも織り込んだ周到な事業計画や、万が一、事業に失敗しても、返済に充当できるぐらい厚みのある資産や自己資本を持っていればの話ですが……。

いちばんいけないのは、何の目的もなく、銀行から言われるままにお金を借りてしまうことです。

事業がうまくいっている会社ほど、銀行はお金を貸したくなるものです。売上や利益をしっかり稼いでいる会社であれば、貸したお金が返ってこなくなる危険は少ないので、安心して貸せるからです。

借りたくてもなかなかお金を借りられずに苦労している社長さんにとっては、何とも羨ましい話だと思いますが、これには大きな落とし穴があります。

銀行に言われるままにお金を借りていると、知らず知らずのうちにバランスシートに占める負債の割合が大きくなってしまいます。

その結果、事業そのものは好調で、キャッシュはどんどん入ってくるのに、大きな借り入れをしたせいで、入ってきたお金の大部分を返済に回さなければならなくなるという悪循環に陥ってしまうケースがあまりにも多いのです。

目的もなく借りたお金は、どうしても無駄遣いに回ってしまいます。

建て替える必要もないのに自社ビルを新築したり、余分な機械や設備を購入して遊ばせてしまったり、何の計画もなく新しいビジネスを始めて失敗したりといった「してはいけないこと」に結びつきます。そこから赤字に転落してしまう会社も少なくありません。

「倒産の芽は好調なときに育つ」のだということを、肝に銘じてください。

健全な企業経営を維持するためには、「借り入れをし過ぎないこと」が肝心です。経営者は、事業が好調なときほど調子に乗ってお金を借り過ぎないように、自分を律しなければなりません。

この章では、赤字企業にならないため、赤字から抜け出すための〝お金の貸し借り〟の注意点について考えていきます。

2 必要なときに借りるため、不要なときにはお金を借りてはいけない

「借りられるときに借りておく」という発想は捨てる

私の顧問先にも、銀行からお金を借り過ぎて、好調だった経営が苦しくなってしまった中小企業があります。

その会社、C社は小さな町工場を営んでいましたが、社長さんが非常に営業熱心な方で、得意先にも恵まれたことから、売上も利益も順調に伸びていました。

しかし、C社の経営は最初から順風満帆だったわけではありません。

社長さんがある中堅メーカーから独立して工場を立ち上げた当初は実績がなく、なかなか受注を伸ばすことができませんでした。

大きな注文があっても、こなせるだけの設備や技術を持った人材がおらず、せっかくの仕事を逃してしまったことも一度や二度ではありません。

社長さんは設備や人を入れるため、銀行に何度も融資を依頼しましたが、最初のこ

ろは断られてばかりでした。

その後、業績が少しずつ順調になると、銀行も融資の相談に乗ってくれるようになりました。借りたお金はきちんと返済しているので、銀行に対する信用力は上がり、最近では、銀行のほうから「お金を借りてくれませんか？」と積極的にアプローチしてくるようになりました。

それに気をよくした社長さんは、必要もないのにどんどん借り入れを増やしました。そして気がつくと、C社のバランスシートは負債の割合が8割以上にも達し、売上の大半を借り入れの返済に回さなければならないほど苦しい状況に追い込まれてしまったのです。

「なんで、こんなに借金をしたんですか？」

私の問いに対し、社長さんは、「いつ貸してもらえなくなるかわからないので、借りられるうちに、なるべく借りておこうと思ったんです」と答えました。

会社を立ち上げたばかりのころ、銀行からなかなか融資を受けられずに苦労した経験を持つ社長さんは、またいつ借りられなくなる状況がやって来るかもしれないという恐怖心を抱いていました。景気が悪くなって業績が傾いたりしたら、またお金を貸してもらえなくなる。だったら、いまのうちになるべく借りておこうという意識が働いたようです。

しかし必要もないお金を借りると、無駄な投資が増えてバランスシートが悪化するだけでなく、経営効率も悪くなってしまいます。

将来に備えて借りたはずのお金が、むしろ会社の将来を危うくするという逆効果を生み出してしまうのです。

また、銀行が貸し出すお金には、企業の信用力に応じた限度額があります。必要もないのに多額のお金を借りてしまうと、いざ必要となったときに、限度額オーバーとなって追加の融資が受けられなくなる可能性もあります。

計画どおりに設備投資や事業の拡大を進めていくためにも、不要なお金は絶対に借りてはいけません。

3 経営理念を明確にする

銀行はお金を貸すとき、どこをチェックするのか?

銀行になかなか融資を実行してもらえず、途方に暮れている中小企業の経営者の方は多いと思います。

あまりにも断られるので、「そもそも銀行は、中小企業ごときにお金を貸す気はないのでは?」と疑っておられる社長さんもいるのではないでしょうか。

そんなことはありません。融資担当者は、本音では「貸せるものならお金を貸して、営業成績を上げたい」と思っています。

しかし融資を実行するためには、企業からの申し入れを支店長や本店の審査部などに上げて、審査をクリアしなければなりません。最初から審査を通らないことが明らかな申し込みは、融資担当者としても受け入れようがないのです。

何度融資を申し込んでも断られてしまうという会社は、銀行に「お金を貸したい」

と思わせるような事業計画書を提出することが大切です。

銀行は融資の審査において、まず貸し倒れが発生しないかどうかということを厳格にチェックします。

何をしている会社なのか？　貸したお金を何のために遣うのか？　どのようにして返済するのか？　仮に返済できなかったらどうするのか？　融資する価値がある案件なのかどうか？　といったことをじっくり調べるのです。

事業計画書には、最低限これらのチェック項目を満たす内容を盛り込んでおく必要があります。

絵に描いた餅ではなく、明確な理念やビジョンを伝える

銀行は、明確で実現性が高い事業計画を策定している企業にお金を貸したいと思っています。会社のさらなる成長が期待できるとか、たとえ現在は赤字でも、未来が見える事業計画であれば、融資が実行される可能性は高くなります。

銀行に期待を抱いてもらいやすい事業計画を策定するポイントは次の5つです。

①経営理念を明確にする

「会社が存在する意味」「社長の経営に対する思い」を明文化する。

②将来のビジョンがある

3年後ぐらいまでの会社のイメージができている。

③経営方針が決まっている

販売方針など、何をどうするかが決まっている。

④実現可能な売上計画と経費予算になっている

実現不可能な売上目標をもとに利益の計画を立てても意味がない。かえって銀行からの不信を招いてしまう。

⑤無理のない資金繰り計画になっている

資金ショートが起こる場合は、なぜ足らなくなるのかを明確にして、無理のない返済計画・借入計画を盛り込む。

この中で、とくに大切なのは①の「経営理念を明確にする」です。

どんなに具体的な売上計画や経費予算を立てても、ただ数字を並べるだけでは「絵に描いた餅」に過ぎません。

計画を実現できるかどうかは、会社がなぜその計画に取り組むのかという経営者の〝想い〟にかかっています。

経営者が「何のために会社を経営しているのか」という明確な理念を持ち、それが組織に浸透していればいるほど、会社の活力は高まり、業績は向上すると言われます。

そのような会社では、事業計画が絵に描いた餅に終わることなく、理念を実現するために達成させるべき目標として重みを増すことになります。

銀行は融資を実行するかどうかを判断するときに、そうした会社や経営者の〝本気〟を何よりも重視するのです。

4 何のために会社を経営しているのか、自問する

経営理念はどうつくればいいのか？

では、経営理念はどうつくればいいのでしょうか。

そのベースとなるのは、社長にとって「譲ることのできない考え方」です。

飲食業のオーナーであれば、「自分たちの料理をできるだけ多くの人に食べてもらって、満足してもらいたい」とか、製造業の社長さんなら「よそには真似のできない技術で質の高い部品や製品を送り出し、世の中をもっと便利にしたい」といったように、経営者にはそれぞれ、自分がビジネスを始めた理由や、ビジネスに対する強い思い入れがあるはずです。

そうした理由や思い入れを明確にし、会社の目的と結びつけることで、「自分は何のために会社を経営しているのか？」と自分自身に問いかけてみましょう。

その答えこそが、経営理念にほかなりません。

自ら会社を起こした創業者なら、答えを見つけるのは比較的簡単だと思います。しかし、2代目、3代目になると、創業者がどんな思いで会社を始めたのか、何にこだわって会社を大きくしていったのかということが、ぼんやりとしてしまいがちです。原点に立ち返って、会社の存在意義を見つめ直すことが大切でしょう。

明確な経営理念を持つことは、社員が一丸となって、同じ目的に向かっていける体制をつくるためにも重要です。とくに2代目や3代目社長の場合、創業者と比べて、どうしてもカリスマ性に欠けてしまう傾向があるので、なおさら社員のベクトルをひとつにする経営理念の重要性が増します。

経営理念をベースとして、会社としての判断や、社員の行動に筋が通るようになれば、行動に無駄がなくなるので生産性が上がります。

また、理念を具現化するためには、何をどうすればいいのかという方向性が明確になるので、戦略や戦術を立てやすくなります。

結果として、事業計画の目標を達成しやすくなるわけです。

5 決算書に銀行用、税務署用の区分けはない

ありのままの会社の状況を素直に見せる

銀行が融資の申し込みを審査する際には、当然ながら、申し込んだ会社の財務状況も厳しくチェックします。

そのため以前は、融資を取りつけやすいように、銀行に提出する決算書の中身を調整する会社も少なくありませんでした。

いまではほとんどなくなりましたが、昔は利益をなるべく多くして融資を受けやすくする銀行用、わざと赤字にして税金を納めないようにする税務署用と、提出先によって決算書をつくり分けることがまかり通っていました。

そのせいか、年配の経営者の中には、決算書には銀行用と税務署用の2種類があると思い込んでいる方がいまだにいらっしゃるようです。

また、これはあくまでも私の実感ですが、銀行員の方々の中には、中小企業が融資

を申し込む際に提出する決算書は、融資を受けやすいようにつくり直されていると最初から疑っている人が少なくないように感じます。

そう考えると、融資を受けやすくするために決算を粉飾するというのは、まったく意味のない、無駄な努力だと思います。

それどころか、粉飾した決算でお金を借り、返せなくなったりしたら詐欺行為も同然なのですから、絶対にやるべきではありません。

そもそも会社の決算は、たったひとつしかありません。銀行用、税務署用という区分けが存在すると思い込んでいることが間違いなのです。

先ほども述べたように、たとえ決算が赤字であっても、その会社や提出された事業計画に十分な将来性があると判断すれば、銀行はお金を貸してくれます。

意味のない粉飾に時間や労力を割くくらいなら、その分、しっかりとした事業計画を立て、会社の将来性をアピールすべきだと思います。

6 個人で会社に貸したお金は、返ってこないものと割り切る

貸したお金を増資に回せば、銀行の格付けが上がる

会社の経営がいよいよ厳しくなると、銀行からお金を借りるだけでは足りず、経営者が自分のお金を会社に入れて何とか持ちこたえさせようとするものです。

この場合、会社は個人（経営者）からお金を借りることになります。「自分の会社に貸したお金なのだから、いずれは返ってくるだろう」と、ほとんどの経営者は思っているはずです。

ところが実際には、経営がなかなか上向かず、返ってくるはずのお金が返ってこなくなるケースも珍しくありません。むしろ、一度会社に貸したお金は二度と戻ってこないものだと割り切ったほうがいいと思います。

私が顧問を務めている印刷業のDさんも、会社にお金を貸して戻ってこなくなった

ひとりでした。

Dさんの会社は本業は印刷業ですが、バブル景気の時代に銀行から多額の融資を受けて賃貸用マンションを取得しました。

その後、バブルが崩壊すると、Dさんの会社は経営困難に陥りました。とくにバブル時代に高い金利で借りた融資の返済負担が重く、銀行に何度も金利交渉を行なったのですが、借り入れが多過ぎて自己資本比率が低くなっていたため、交渉は難航しました。

資金繰りがどんどん悪化したので、Dさんは止むを得ず、自分のお金を会社に入れました。最初のうちは、「いずれ借り換えができれば、自分の入れたお金は戻せるだろう」と思っていたようですが、なかなか銀行との交渉がまとまりません。

いよいよ会社が危ない状況に追い込まれたところで、Dさんから私に相談が持ちかけられました。

私は、「個人が会社に貸したお金は、二度と返ってきません。そのうえ、会社に貸しているお金は、個人から見れば会社への貸付金として相続財産となります。すなわち、相続が発生すれば多額の相続税を支払うことになるのですから、いっそのこと会社に与えてしまってはどうでしょう」とアドバイスしました。

つまり、会社に貸したお金を増資に回すことを提案したのです。こうすれば会社の自己資本比率が上がるので、銀行との交渉もしやすくなるはずです。

実際、D社に対する銀行の格付けは上がって、金利交渉に成功。毎年数百万円もの金利負担が軽減されました。

個人で会社に入れたお金は、「あくまでも自分のお金だ」と思い込んでしまう経営者の方もいらっしゃいますが、「与えたお金だ」と割り切ったほうが、むしろ個人と会社のそれぞれにメリットをもたらすことが多いものです。

第5章

「会社を伸ばす」18のポイント

1 「必ず達成できる」という強い気持ちで臨む

目標に対してポジティブに取り組むことが大切

ここまで、中小企業が赤字や借金をなくすための考え方や、行動の仕方について書いてきました。

つまるところ、経営者が「してはいけないこと」に無駄なお金を遣うことが、赤字の根本原因になるのだということはご理解いただけたのではないかと思います。

無駄遣いをなくせば、余計な借金を背負い込むこともなくなります。

借金が減れば、稼いだお金がちゃんと手元に残るようになり、心に余裕が生まれ、経営者の考え方や行動はどんどん前向きになっていくのです。

そうなれば、しめたものです。

「どうやって返済や支払いのお金を工面するか？」と不安を抱えることはなくなり、「どうしたらもっと稼げるか？」「事業をもっと大きくできるか？」という、未来への期待とやる気が高まっていきます。

赤字をなくすためには、行動を律して「出ていくお金」（費用）を減らすことも重要ですが、その一方で「入るお金」（売上）を増やさなければなりません。

この章では、会社の売上を伸ばすために、経営者はどんな心構えを持って行動すべきなのかについて、私なりの考えをお話ししたいと思います。

そもそも「経営」とは、どういう意味かご存じでしょうか。

「経」という言葉はもともと、土木工事や建築に取りかかる際に、まず杭を立て、その間に縄をピーンと張り、削るところや掘る部分、支柱の位置などの予定をつける作業のことを意味していました。

一方「営」という言葉は、工事の初めに、外枠に縄を張り巡らして杭を打ち込み、全体の大きさや規模を定める作業のことを言い表わしていました。

つまり、「営」は工事の範囲を決め、「経」はその範囲の中のどこに、どんな処置を施すのかを決める作業のことだったのです。

家を建てる際に間取りを決め、どこがリビング、キッチン、寝室、子ども部屋、浴室、トイレと決めていくのをイメージするとわかりやすいと思います。これはとても夢のある作業です。

この言葉の意味からもわかるように、「経営」とは、夢を持って事業全体の大きさと、その細部について決めることです。目標もなく、それを達成するための戦略もなく会社を動かすのではなく、目標をしっかりと定め、そこにたどり着くためには何が必要なのかをきちんと考えながら動かしていくことが大切です。

経営者と呼ばれる以上、本来「経営」とはどういう意味であるのかをしっかりと理解し、計画的に事業を進めていきたいものです。


さらに売上を伸ばすために欠かせないのは、明確な目標設定と、それを何としても達成しようとする経営者の〝やる気〟です。

成功する経営者ほど、「将来こうなりたい」という具体的なビジョンを持ち、それを実現するには「何をすべきなのか？」という行動の方向性も定まっているものです。

また、成功する経営者は、自分が掲げた目標は必ず達成できるという強い自信を持ち、迷うことなく突き進む傾向が強いようです。

もちろん、目標が達成できるかどうかは運にもよりますし、どんなに努力をしても、力不足で目標に届かないこともあります。しかし、「必ず達成できる」という強い気持ちで臨めば、成功を手繰り寄せられる可能性は高まるようです。

英国の心理学者のリチャード・ワイズマン博士は、年の初めにその年の目標を掲げた人たちが、達成できたかどうかを調査したことがあります。

じつに、8割近くの人が目標未達に終わったという調査結果が出たそうです。目標未達に終わった人たちに共通していたのは、目標を設定したにもかかわらず、頭の中では「失敗するのではないか」と考えていたことです。

一方、目標を達成することができた人は、目標を達成したときに訪れるであろう楽しい未来図を思い描いていたといいます。

つまり、目標に対してポジティブに取り組むか、ネガティブに取り組むかによって結果は大きく違ってくるのです。

経営は飛行機と同じで、目的地があり、家族や従業員、取引先を乗せて飛んでいます。もちろん途中で降りられません。その飛行機のパイロットが社長なのです。

資本金1000万円、社員はアルバイト2名のみ。創業初日に朝礼で木製のミカン箱の上に立ち、社長が語りはじめました。

「30年後のわが社の姿を見よ！　少なくとも豆腐屋さんのように、売上を1丁（兆）、2丁（兆）と数えるようになるぞ。1兆、2兆以下はものの数ではない！　そういう規模の会社にするぞ！」

それを聞いたアルバイト社員たちは、「この人はおかしい！　変だ！」と思って1週間後に会社を辞めてしまったそうです。

その会社とは、いまや連結決算で売上高が9兆円を超えたソフトバンクです。

そう、この社長こそが孫正義氏だったのです。

この時のアルバイト社員たちは、社長の目的地が宇宙かどこか別世界だと思ったのでしょう。

ここまで大成功を収めた例は珍しいとしても、明確なビジョンと強い信念を持ってビジネスに臨めば、少なくとも売上を2倍や3倍にすることなど、不可能ではないように思えてきます。実際に、そんなベンチャー企業はいくらでもあります。

「必ず成功できる」という自信を持って、前向きにビジネスに取り組んでみてください。

2 自社の強みを持つ

愛され続ける会社は長生きできる

流行りすたりが激しい世の中にもかかわらず、長く愛され続けているロングセラー商品は数多くあります。子どものころから慣れ親しんで食べているお菓子やカップ麺などはその典型ですね。

テレビ番組にも、いわゆる〝長寿番組〟と呼ばれるものがあります。

歌番組や時代劇が消える中、毎週日曜日の夕方に放映されている『笑点』、もう50年以上もお茶の間に愛され続けています。若いころは、あのテーマ曲が聞こえてくると、「また明日から仕事や」とため息をついたものです。

では、なぜ『笑点』は50年以上も続いているのでしょうか。出演者は、若手と言われる林家たい平師匠でも50代、放送開始当初からレギュラー出演している林家木久扇師匠に至っては80代。超高齢社会の日本の縮図のようにも見えます。

いまのバラエティ番組は、若い芸人やアイドルが出演するものばかりなので、中高年に親しまれる『笑点』は貴重な番組なのでしょう。

けれども、『笑点』の人気の秘密はそれだけではありません。50代後半になっても独身の春風亭昇太師匠に「早く結婚しなさいよ」とたしなめたり、番組を降板した桂歌丸師匠に「出棺でございます」と言ってのけたり、メンバー同士が何でも言い合えるところによさがあるのだと思います。逆に、なぜバッシングを受けないのか不思議なくらいです。

人の生き死にを笑いにするのは品のいいことではありませんが、視聴者は治外法権の『笑点』にホッとしたものを感じるのではないでしょうか。

東京商工リサーチの調べによると、日本の会社は創業5年以内に80%が、創業10年以内になると95%が倒産もしくは廃業に追い込まれているそうです。

ただし、個人事業が法人成りした場合にも、個人事業は廃業とカウントされてしまいますので、実際はここまでひどい数字ではないはずですし、会社の組織再編やM&Aなどによる影響もあるはずです。

しかし、この数字が物語るとおり、長生きするビジネスを構築するのは並大抵のことではありません。

多くの経営者は「何とかして会社を成長させたい」と願い、毎日、他人の何倍も働いています。

とはいえ、その努力が間違えた方向だったり、効率が悪かったり、騙されたり、ということで倒産に追い込まれる会社が後を絶ちません。要するに「こんなはずじゃなかった……」という結果です。

そういう会社に共通するのは、「強みがない」ということです。

たとえば「絶対に緩まないネジ」「刺しても痛くない注射針」や「時速230kmのバッティングセンター」など、聞いただけで、この会社の強みがわかりますね。

『笑点』のように長く愛される番組には、愛されるだけの「強み」があります。

自社にはどんな「強み」があるのか、それを客観的に理解し、生かしていくことが、ビジネスを長続きさせるための秘訣だと言えます。

日本には、創業100年を超える企業が約2万6000社、200年以上は約1200社、300年以上は約600社、500年を超える企業も約40社あります。世界全体で見ると、創業200年企業のなんと40%以上が日本に存在しているそうです。

どの会社も長く愛される秘訣を持っているのでしょう。

3 事業撤退は、次の挑戦のための決断

失敗を恐れず、未来の成功への糧にする

成功を信じてビジネスに取り組むのは、経営者にとって欠かせないことです。

けれども残念ながら運に恵まれなかったり、計画どおりに物事が進まなくなったりして、失敗に陥ることはあるものです。

「この商品には可能性がある！　がんばって営業すれば必ず売れる！」

「売上○○億円を必ず達成させる！」

「海外進出を果たしてやる！」

と、夢と希望に満ちあふれ、目標に向かって進むのは本当にすばらしいことなのですが、いくらすばらしい商品であっても。売れなければ何の価値もありません。理想と現実が違うことは往々にしてあるものです。

いまでこそ売上高1兆円企業に成長した「ユニクロ」（ファーストリテイリング）

の柳井正会長兼社長でさえ、これまで行なってきた施策は「1勝9敗」だったと語っています。

だからと言って、私は経営者に「挑戦しないこと」を勧めているわけではありません。むしろ失敗を恐れず、新しいことにどんどん挑戦していくことによって、新しい活路が見えてくるものです。

肝心なのは、「失敗した」と思ったらすぐに頭を切り替えて、次のことにチャレンジする柔軟さです。そのためには、事業を始める前に「引き際」を決めておくことと、全額借入で始めないことが大切です。借入返済のために引くに引けなくなるからです。

そろばんで「ご破算で願いましては……」と言いますが、この「ご破算」ができない経営者が非常に多く、できたとしてもタイミングが遅いことがほとんどです。

事業撤退は、外部から見たら失敗に見えるかもしれません。

しかし、周りからどう思われようと、さらなる飛躍のため、より大きな可能性への挑戦のために潔く決断すべきです。

「初心に戻る」とよく言いますが、その「初心」の「初」という字は、衣偏に刀と書きます。

昔は、子どもに着物を着せていましたが、その成長にしたがい、着物がだんだん小さくなって着られなくなってしまいます。簡単な仕立て直しでは無理なのです。だから、着物にハサミを入れて、一から寸法を測って着物をつくり直していました。着物にハサミを入れるというのは、まさに「ご破算する」ことと同じことなのです。

失敗を恐れて何もしないよりも、どんどん失敗を重ねて経営者としての経験値を上げてください。それが、会社を長生きさせる強さになります。

4 象を食べるなら、ひと口ずつ

大きな目標も小分けにすると、やる気が出てくる

皆さんは、

「象を食べるなら、ひと口ずつ」

というアフリカの格言をご存じでしょうか？

どんなに大きな夢や目標でも、取り組みやすい適切な大きさに切り分けると、いつの間にか達成してしまうという意味です。日本で言えば「千里の道も一歩から」でしょうか。

人は大き過ぎる目標を前にすると、過剰に負担を感じてしまい、「自分にはできない」「やり方がわからない」「やりたくない」などとネガティブな気持ちを抱えて、な

かなか行動ができなくなります。

たとえば、大量の事務作業が山積みされていて、何から手をつけていいかわからず、せっかく自分がした仕事なのに請求するのを忘れていたとか、二重に支払ってしまっていたということがあるのではないでしょうか。

これは、決して能力が低いとか、忍耐力がないとかではなく、目標を「チャンクダウン」していないことに原因があります。「チャンク」とは塊《かたまり》という意味です。すなわちチャンクダウンとは大きな象をひと口サイズに切るように、大きな目標を小さな塊に分解し、目標のテーマを変えて「これならできる！」という確信を持たせることです。

こうすると、大きな目標でも「できないかもしれない」という気持ちが薄れ、できることから行動をどんどん積み重ねて、最終的には大きな目標が達成できるようになります。ひと口ずつ着実に消化していくことで、気がつけば、象1頭を平らげてしまうのです。

例えば、「売上を上げたい」と思ったとき、これだと塊が大きく感じてしまいます。これをチャンクダウンすると、「売上」＝顧客数×客単価×販売頻度となります。この一つひとつを上げることを考えると近道になります。

すなわち、顧客数を増やすにはどういうことができるか、客単価を上げるにはどうすればよいか、販売頻度（リピート率）を上げるには何をすればよいのかを分けて考えればいいのです。

チャンクダウンができれば、あとは行動あるのみですが、人間はどうしても「いまは時間がないからやめよう」と行動を先延ばしにしてしまいがちです。

行動を先延ばしにする限り、夢や目標は達成できません。では、どうすれば、いますぐ行動できるようになるのでしょうか？

「桃栗三年、柿八年」という慣用句があります。農業で言えば、しっかり土を耕し、種を撒き、肥料を与えて、丁寧に育ててようやく収穫を迎えます。春夏秋冬の巡りがあって、その時期にあった方策をとります。だから1年、2年で結果が出ないことに嘆くのではなく、忍耐強く、コツコツと努力を積み上げていくのです。

メジャーリーガーのイチロー選手は、「特別なことをするために、特別なことをするのではない。特別なことをするために、普段どおり当たり前のことをする」と言っています。

このように、自動的に行動できる「習慣」を手に入れることが、目標を達成させる力になります。

　売上を上げる方法、経費削減方法、商品開発など、それぞれの象をひと口で食べられるにサイズしたら、毎日コツコツ食べ続けることを心がけてみてください。

5 売上の減少分は新たな販路開拓で補う

ネット通販の市場はまだまだ拡大する

何度も言いますが、「商売は牛のよだれ」で、細く長く続けることが重要です。そのためにも欠かせないのが、販路開拓です。販路開拓は、業種・業態、規模を問わず、会社にとって常にやり続けなければならない重要テーマのひとつです。

どんな会社でも、いまの取引先が5年後、10年後にそのまま残っているという保証はなく、さらに日本は本格的に少子高齢時代に突入し、消費税の増税も予定されているため、消費が冷え込むことが予想されます。そして、いつまた世界的な不況が襲ってくるとも限りません。売上の減少分をいかに販路開拓で補うことができるかどうかが、いままさに問われています。

販路開拓の手段としては、

①バイヤー（専門店、量販店、コンビニなど）へのアプローチ
②カタログ通信販売
③人脈・紹介
④ビジネスマッチング（金融機関・商工会議所など）
⑤セミナー・展示会
⑥フランチャイズ・直営店
⑦Eコマース（アマゾン・楽天市場など）
⑧テレマーケティング・DM・ファックスDM
⑨セールスレップ（営業代行業者）
⑩飛び込み営業

などがあります。

たとえば、④のビジネスマッチングは、金融機関や商工会議所などが主催する「商談会」が全国各地で開催されています。

ある社長が、「飛び込み営業もするし、問屋にも行くけど、なかなか話を聞いても

らえません。その点、商談会はバイヤーの方がわざわざ会場に来て時間を割いてくれるんですから、使わない手はないです」と言っていました。

小売りや卸売りだけでなく、脱下請けを考えている製造業も多いようです。

そして、いまでも進化を続けるのが通信販売です。

通販のサービスの特徴としては、遠方に住んでいても大丈夫、重い物の買い物の手間が省ける、安い、珍しい物が買えるなどが挙げられますが、返品ができるというのも大きな特徴です。

日本の人口が減ることは間違いありませんが、インターネットを利用する人口は増え続けていますので、ネット通販の市場はまだまだ拡大すると言われています。

いずれにしても、販路を開拓し続けるというのは容易なことではなく、手当たり次第では結果は見込めません。まずは自社の商品を分析し、お客さまのニーズがどこにあるのかを知らなければなりません。そのうえで、たくさんの販路開拓チャネルから最適な手法を選択し、チャレンジしていくのです。

6 スピード感を持って成功したいなら、すべてを自分でやろうとしない

ほかの人の6つの経営資源を使って、商売に弾みをつける

「商売は牛のよだれ」という近江商人の言葉もあるように、ビジネスは、あまり急いで大きくしようとしないほうがいいと思います。

「早く売上を10倍にしたい」「店舗をどんどん増やしたい」と焦って事業投資をすると、債務が大きくなるだけでなく、思ったほど売上が伸びず過剰在庫を抱えたり、店舗の運営コストが重くのしかかったりして事業が存続できなくなる恐れがあります。

それでも、なるべくスピード感を持って成功したいと思うのなら、すべてを自分でやろうとは思わず、ほかの人の力をうまく利用することをお勧めします。

これは商売に限らず、何にでも言えることですが、どんなにがんばっても、人間がひとりでできることには限界があります。

しかし、ほかの人の経営資源をうまく使うことができれば、ひとりでは「1」にし

かならない力を、「10」や「20」どころではなく、「100」にでも「1000」にでもすることができるのです。

建設業界では、JV（ジョイントベンチャー）といって、ゼネコンが協力して工事を行なうことは一般的ですが、下請企業に専門の工事を任せるのも、ほかの人の経営資源を使うことになり、それによってビル、橋、ダムなどの建設工事ができるのです。

たとえば、こんな例があります。

東京の有名ネイルサロンで修業をしたあるネイリストが、自分の店を開きたいと思っていました。

技術には自信を持っていたので、なるべく高いサービス料が取れる銀座の一等地に店を構えたいと思ったのですが、ご承知のように銀座はとても店舗賃料が高く、少ない元手ではとても実現できそうにありません。

そこでこのネイリストは、銀座に店舗を構えているヘアサロンの片隅を借りて営業することにしました。これなら賃料は安く済みますし、スペースを貸すヘアサロンも「ついでにネイルもできますよ」と宣伝してお客さまを呼び込むことができるので願ったりかなったりです。

最近では、アマゾンから届いた商品にいろいろなチラシが同封されていることがあります。外部企業のチラシを同封することで、アマゾンには広告料収入が入るという仕組みです。

このように、ほかの人の経営資源をうまく利用できれば、元手は少なくてもスピード感を持って成功できます。着目するポイントは次の6つです。

1．ほかの人のお金
2．ほかの人の資産
3．ほかの人の時間
4．ほかの人の労働
5．ほかの人のアイデア
6．ほかの人の経験・ノウハウ

お互いにウィン・ウィンの関係になれるのであれば、協業の可能性はいくらでも広がるはずです。

7 「一を聞いて十を考える」組織づくりを

「言われた以上のこと」ができる社員を育てる

「一を聞いて十を知る」ということわざがあります。これは天才や、かなりの知識人のことを言い表わしているのでしょう。

私も子どものころ、「一言うたら十わからなあかん」と教えられてきました。

しかし、これはどちらかと言うと、何かを言われたら、相手や先々のことをよく考えて、「言われた以上のこと」をしなさいという意味だったと理解しています。

仕事や生活をしていくうえで、相手のことを考えて先回りするというのはよくあることですし、非常に重要なことです。

居酒屋で、注文した料理が運ばれてきたとき、空いたお皿を下げてくれると気持ちのいいものです。逆に、お皿でいっぱいになったままのテーブルにドンと料理を置かれ、不快な思いをすることもよくあります。

コンピュータのプログラマーは、仕事に慣れてくると、筋道を考えるよりも早く、完成されたアイデアが出てくるようになるそうです。

普通のプログラミングは、1↓2↓3↓4↓5……と順序立てて工程を進めるのに対し、熟達したプログラマーは、1↓100と、工程を完全にすっ飛ばし、最初の時点で一気に答えをはじき出すのだそうです。

これは極端な例ですが、サッカーでは「連動」と言って、ボールを持った選手が味方にパスを出して、またその味方から前線でパスをもらうために走り出します。しかし、そのパスを出した味方がそれを察知してくれないと、ただ走っているだけです。

これは、練習や経験を積み重ねることによって、同様の経験をするときは脳内に一気に電流が流れ、最適な回答を提示してくれるようになるからだそうです。

逆に言うと、未経験の分野に関わるときには、ほとんどの人は必ずと言っていいほど出鼻でしくじるのです。

脳に流れる電流を早くするためには鍛錬が必要です。

「1言われたら10考えよう！」「難問にぶつかったら、解決するにはどんな方法があるのかを考えよう！」と社員の方々に口酸っぱく言い続けて、電流の通りやすい脳に鍛え上げてもらうのです。

それによって動作や反応がよくなってくると、仕事がどんどん面白くなり、社員の方々のやる気が高まります。

しかも、ひとつの情報からさまざまな状況を判断し、先回りして対応する力が身につき、顧客サービスの改善や、新たな商品・サービスの展開などに結びつくのです。

自ら動こうとはせず、つねに上から言われたことをするだけの〝指示待ち社員〟が増えていると言われていますが、それでは組織が機能しなくなってしまいます。能動的に動ける人材をどれだけ抱えているかが、会社の強さを決定づけるものです。

「一を聞いて十を考える」組織づくりを目指してください。

8 ライバル企業は意外なところから現われる

10年後、あなたの会社はどこと戦っていますか?

会社を経営していると、売上や利益はもちろん、自社の商品・サービスへの評判がどうしても気になるものです。

「お客さまに気に入ってもらえているか?」「不満や要望はないのか?」ということを日ごろから丹念にリサーチし、商品やサービスに改善を加えていくことは、ビジネスを成長させていくために欠かせません。

その際、当然ながら注目すべきなのは、競合他社の動きです。

自社の商品やサービスと比べて「どこが優れ、何が受け入れられているのか?」「値段や満足感で勝っているのか、負けているのか?」といったことは、つねに敏感に察知して、負けない商品やサービスを提供しなければなりません。

しかし、あまり商売熱心ではない社長さんの場合、競合他社の動きを気にするどころか、その存在すらあまり脅威に感じていない人も多いようです。
そういう方は、思わぬところに意外なライバルが潜んでいることも知らず、いつの間にかお客さまを根こそぎ奪われてしまうかもしれません。

ある保険会社の営業職員向けに、セミナーをさせていただいたことがあります。参加したほとんどの営業職員は、「ライバルは他の保険会社だ」という感覚しか持っていませんでした。

たしかに保険を売るだけなら、ライバルは他の保険会社ということになりますが、お客さまの目的が節税対策であれば、保険に入らずにクルマや機械を買ったり、修繕をしたりする方法もあります。それらを扱う業者は、すべて競合他社になります。相続対策であれば、銀行、証券会社、ハウスメーカー、不動産業者なども、すべてライバルとなるのです。

また、いまの時代は、古い商品・サービスが新しいものにどんどん取って代わられています。高性能のカメラを搭載したスマートフォンの普及によって、デジタルカメラが売れなくなったり、コンビニが安くて本格的な「100円コーヒー」を売り出してコーヒーショップチェーンと競争を始めたりと、思わぬライバルが突然登場して、市場を根こそぎ奪っていく動きが当たり前になりつつあります。

今後懸念されるのは、AI（人工知能）やIoT（モノのインターネット）、ビッグデータ解析といった超テクノロジーの進展によって、人間が提供していたサービスが機械に奪われてしまうことです。

小売、建設、製造、運輸、金融、サービスなど、あらゆる業種にその波はやって来ます。あとになって振り返れば、歴史的な進歩としてとらえられるはずですが、その間、多くの会社や労働者が機械との戦いに敗れて姿を消していくことになるのです。

いま現在の競合他社すら把握できない状態では、10年後、20年後のライバルを予測できるはずがありません。

会社を取り巻く環境と、市場の動向をしっかりと把握し、未来に向けての判断を間違えないようにしたいものです。

9 「お客さま目線」が商売の基本

忍者がやっていたリサーチ法

商売をしている限り、売上が伸びないという悩みは尽きないと思います。

「自分ができることはすべてしている。なのに売れない……」

「ライバルの売れている商品を真似している。でも売れない……」

なぜ、お客さまは、売ろうと努力しているあなたから買わないのでしょうか。


戦国時代、リサーチと目標達成のプロと言えば「忍者」でした。

ビジネスと忍者は、まったく結びつかないように思うかもしれませんが、経営者や営業マンにとって、忍者の任務や精神はとても参考になります。

忍術書として最も有名な『萬川集海《まんせんしゅうかい》』に、上忍とは「人の知る事なくして、巧者なる者」であると書かれています。これは、すなわちスパイ活動のことで、江戸時代に

「草」と呼ばれた人たちや「忍者」のことです。「忍者」はわかると思いますが、「草」は意外と知られていません。

「草」とは、敵地に一般人を装って住み込み、その地の住民と同化して家族をつくり、二代、三代にわたって、スパイ活動をする者たちです。

なぜ、ここまでするのでしょうか。それは「信頼」を得るためです。

地域の住民に溶け込み、地域の世話をしながら、静かに、静かに情報取集や思想洗脳をします。一代限りではなく、二代、三代にも及ぶので、住民たちはよもやスパイとは思ってもいないでしょう。

いまの時代に置き換えると、少し語弊があるかもしれませんが、政治の世界やマスコミの仕事などは若干似たような部分があるかもしれません。

これを現在のビジネスに置き換えると、①お客さまに溶け込むこと、②お客さまの信頼を得ること、③お客さまの情報収集、④お客さまが欲しい商品を売ること、となるのでしょう。

では、皆さんに質問です。

お客さまの趣味は知っていますか？　どんな家に住んでいて、どんなクルマに乗っているかということや、年齢、家族構成、職業、生活スタイルは？　どういうときに笑顔になっているか？　お客さまの目標は何で、どんな夢を持っているのか？　取引先の会社であれば、年商はいくらで、財務内容は、従業員の数は、ライバル会社はどこか？　売上目標はいくらか？

どうでしょうか。皆さんはお客さまのことをどれくらい知っていましたか？

もし知らないことがあれば、これからリサーチしていけばいいのです。

お客さまの本音を知るために、皆さん自身がお客さまの目線で、欲しがっている商品がわかれば、その商品を売ればいいのです。

もし、それが商品化されていないものであれば、独占できるチャンスです。

商品が売れなかったのは、お客さまのことを知らなかっただけというのであれば、知ることで解決していけます。

リサーチをするためには、飲食店のオーナーが別の店に食べにいくように、お客さまになったつもりで他社の商品を買ってみたり、電話で問い合わせたり、ひたすら通って常連客になったりして情報収集をしてみることも有効です。マーケティングは、リサーチなしでは成り立ちません。

10 商売は名簿に始まり、名簿に終わる

ご贔屓のお客さまを大切にすると、商売が長続きする

どんな商売でも、新規のお客さまを掘り起こすのは、なかなか大変なことです。チラシを撒いたり、呼び込みをしたりしても、大勢のお客さまがお店に来てくれるとは限りませんし、試しに来店していただいたとしても、リピート客になってもらえるかどうかはわかりません。

消費者には、新しもの好きの人もいれば、保守的な人もいます。どちらかと言えば、「いつものアレじゃなければ……」という強いこだわりを持ち、新しいものよりも、使い慣れた商品やサービスを選ぶ人のほうが多いのではないでしょうか。

ですから、新しいお客さまの開拓には相当な手間とエネルギーを要するのです。

逆に考えると、「いつものアレじゃなければ……」と思ってくださるご贔屓のお客

さまをいかに大切にし、つなぎ止められるかが、商売を長続きさせるためのポイントだと言えます。そのためには、ご贔屓のお客さまとの関わりをなるべく密接にして、コミュニケーションを切らさないことが大切です。

昔の商売人は、商品よりも、お客さまの名簿を大切にしていました。

たとえば江戸時代の呉服屋は、火事になったら反物などは放っておいて、大福帳を井戸に投げ込んで逃げたといいます。

また、昔の富山の薬売りは、薬を売った先の懸場帳という、いわゆる顧客名簿を持ち歩いていました。ここには家族構成や、いつ、どれだけ薬を使用したかが記入されており、この名簿は、薬売りが引退するときに、ほかの薬売りに売買されたそうです。お客さまは「かけがえのないもの」。名簿には、それくらいの価値があったのです。

大福帳や懸場帳は、いわば現在の「顧客リスト」に当たるものです。

このリストをしっかりと整理できているかどうかによって、売上を伸ばせるかどうかが決まります。

なぜなら、新規客に売るには既存客の1・5倍の経費がかかると言われています。

また、成功している社長に「売上に困ったらどうしますか?」と質問すると、皆さん「既存客に何か買ってもらう」と答えます。決して新規開拓するとは言わないのです。

では、お客さまごとに、これまでの売上や利益は把握できていますか？　過去にどんな商品をお買い上げいただいたのか？　1年以上取引のないお客さまはいませんか？　なかには、お客さまからいただいた名刺すら、きちんと整理できていない会社もあるようです。

商売は名簿に始まり、名簿に終わります。最近は年賀状すら出さないという風潮があるようですが、いまは名刺管理ソフトや顧客管理ソフトといった便利なツールもあるので、それらを活用してみるのも方法でしょう。

11 マーケティングとはリーダーシップである

お客さまは、「何をしたらいいのか」がわかっていない

「世界ナンバーワンのマーケティング・コンサルタント」と称される米国のジェイ・エイブラハム氏は、「マーケティングとは、リーダーシップである」と言います。

船は何もしなければ、波と風に流されて漂流してしまいます。船（ship）を導いて（lead）あげなければならないのです。

たとえば、家を建てる、生命保険に入ると言っても、ほとんどの人は何をしていいのかわかりません。さらに、家が建つほどの世界最高級の時計と言っても、ほとんどの人はブランド名すら知らないので、興味を持つはずもありません。レストランで、「最高級のワインはいかがですか？」と勧められても、味も値段もわからない人にとってはピンとこないでしょう。

つまり、顧客ニーズとは、お客さまが自覚しているものではなく、売る側が積極的

に掘り起こすことによって顕在化するものなのです。

顕著な例は、飲食店です。インターネットで、お客さまはすぐに調べられるようになりました。SNSをしている人であれば、調べなくても美味しい店の情報がどんどん入ってきます。その結果、「美味しい店」がSNSの流行によって「予約の取れない店」へと変わっていきます。これは、実際にその店を訪れたお客さまがリーダーシップを発揮しているのです。

「がんばって売ろうとしているのに、全然売れない」とつぶやく経営者や営業マンは、お客さまに商品の魅力を丁寧に伝え、気づいてもらう努力が足りないのかもしれません。

お客さまが「その気」になるのをじっと待っているのではなく、「その気になってもらえる」「決断できる」ようにリードしてあげることが大切です。

12 ブランディングとは付加価値の創造である

お客さまに「買う理由」と「買う価値」を提供する

皆さんは「ブランド」と言うと、どんなイメージを持つでしょうか？

ブランドの語源は、ノルウェーの古ノルド語（いわゆる、古北欧語）の「brander」だと言われています。これは「焼印」という意味の言葉です。

家畜のオーナーが、自分の牛や馬だということを証明するために、自製の焼印を押していたのです。そこから派生して、「brander」という言葉は「識別するためのしるし」という意味合いを持つようになりました。

確かに、ルイ・ヴィトンやシャネルは、一目見ただけでそれとわかるロゴを使用していますし、ベンツやBMWも一目でわかるエンブレムを使用しています。これが、そのブランドを「識別するためのマーク」になっています。

そこからさらに派生して、現在では競合との「差別化」や「独自性」を象徴するものが「ブランド」となったのです。

したがって、「ブランドとは付加価値」と言ってもいいかもしれません。

では、「ブランディング」とはどういう意味を持つ言葉でしょうか。

競合と識別できる付加価値を提供することが「ブランド」だとすれば、「ブランディング」は付加価値を提供し続けるということになります。その結果、「あのブランドが欲しい！」と、企業名、商品名を聞いただけで誰でもわかるようになってもらえるのです。

ブランドと聞くと、先ほどのルイ・ヴィトンやシャネルなどの高級品ばかりをイメージする人が多いかもしれません。

しかし実際には、低価格でも立派なブランド品があります。なぜなら、お客さまにとっては「安さ」も魅力のひとつであり、いいものを低価格で提供し続けることは、立派な付加価値の提供（ブランディング）だからです。

もちろん高品質で、つねに最高のサービスを提供し続けることもブランディングですが、この場合は逆に安い価格で提供してはいけません。

つまりブランディングとは、市場に対して付加価値を提供し、信頼を築き上げ、信頼を守っていく活動だと言えます。マーケティングとはリーダーシップだと言いましたが、顧客が「買う理由、買う意味」を提供することです。

日本はモノがあふれた時代から、消費を生まない少子・高齢化の時代に入り、ついには人口減少の時代に突入しました。

今後、人口減少は加速度的に進むと言われており、これからは、どんなターゲットに対して、どんな魅力的な付加価値を提供するかを明確にすることが重要です。つねに付加価値を創造し、浸透させ、守り続けていくことが「ブランディング＝付加価値」となります。

どんな買う理由、買う意味を提供できるのか？
そして、それはほかとはどんな違いがあるのか？

これらを明確にしたうえで、選ばれ続けるブランディングを行なっていかなければなりません。

13 価格はビジネスの生命線、勘に頼ってはいけない

思い込みをコントロールすれば、安いものでも高く売れる

2019年10月、消費税率が現在の8％から10％に引き上げられる予定です。

過去を振り返ると、消費税が増税される前の数カ月間は駆け込み需要が起こり、その後、反動によって消費が急激に冷え込むという歴史を繰り返してきました。

おそらく今度の消費税増税でも、同じようなことが起こるに違いありません。

そうなると、重要になってくるのは「価格設定」です。

売上が落ち込むことを恐れ、増税分を価格に吸収して、実質的な値下げに踏み切るのか？　それとも、増税分は素直に上乗せ（値上げ）して、利益を確保するのか？

消費者は、増税によってますます価格に敏感になるはずですから、値上げをしたら商品やサービスがぱったり売れなくなる恐れがあります。

どんなに利幅が薄くなっても、価格を据え置いて販売を維持しようとする企業が出

てくるのは間違いありません。

けれども、人口減少によって人手が不足し、パートやアルバイトの賃金がどんどん上がっている時代です。値上げをしないと利幅は極限まで薄くなって、会社経営そのものが立ちいかなくなってしまう可能性もあります。

「価格をいくらにするか?」ということは、企業が生きるか死ぬかを分ける生命線だと言っても、決して言い過ぎではないのです。京セラの稲盛和夫氏は「経営者の仕事は値決め」と述べています。

「買《かう》」という字に「十」と「一」を付けると、「賣《うる》」(「売」の旧字)という字になります。

これは、仕入価格に1割1分の利を乗せて売価をつけていたことの名残りです。

もちろん、いまの時代は経費がかかるので、たった11%の粗利では商売が成り立ちませんが、皆さんはどのような方法で価格設定をしていますか?

「原価がこれぐらいだから、これぐらい利益を乗せて……」

「競合の価格を見て、これぐらいでええか」

「とりあえず様子見で、これぐらいでええか」

と、まさかこんな感じではないですよね。

もちろん、そんないい加減な決め方でいいわけがありません。価格は一度決めたらなかなか変えられるものではないので、何度も確認し、利益を出すために適切な金額で提供しなければなりません。

このときに第3章で述べた「利益＋費用＝売上」という考え方を実践してください。

しかし、ほとんどの商品やサービスには、適正な価格はついていないと言われています。実際、価格を10％下げただけで売上が倍以上伸びたり、価格を20％上げたにもかかわらず、販売数は変わらず、売上がそのまま2割増しになるなんてこともあります。安く売らなければならないものを高く売り、高く売れるものを安く売っているケースがあまりにも多いのです。

では、こんなに重要であるにもかかわらず、なぜ、私たちは価格を決めるときに「これぐらいでええか」と決めてしまうのでしょうか？

理由は簡単で、価格には正解がないからです。

だからと言って、値づけを勘に頼ってはいけません。何度も言いますが、価格は会社が生きるか死ぬかを決定づけるビジネスの生命線だからです。

マーケティングの世界では、

「価格は〝売り手〟と〝買い手〟の思い込みという2つの鎖でつながれている。これを断ち切ることが重要だ」

と言われています。

とくに難しいのは、売り手側の思い込みです。

「いい商品だから、ほかのものよりも高く売ってやろう」とか、「もっと安くしなければ、商品は売れないのではないか?」といった思い込みが、適正な値づけを妨げてしまうのです。

消費税増税が実施される前に、一度、自社の価格設定を見直してみませんか?

14 「よいところ」ではなく、「違うところ」を売る

「独自の売り（USP）」をつくる

企業が商品やサービスをアピールするときには、必ず「独自の売り」をキャッチコピーにします。

この「独自の売り」のことを「USP（Unique Selling Proposition）」と言います。

牛丼チェーンの「うまい、安い、早い」や、宅配ピザチェーンがかつて宣伝していた「30分以内にお届けします。もし30分以上かかったら、料金はいただきません」は、あまりにも有名ですね。「ドモホルンリンクルは、初めての方にはお売りできません」というのは衝撃的でした。

このようにUSPとは、自社を競合他社から際立たせるユニークで魅力的なアイデアであり、価格、サービス、機能、品質、専門性など、どの要素においても重要なものです。

USPは、セールスが不要になり、リピートされ、口コミされるという利点があります。SNSで拡散されるようになれば、あっという間です。

しかし、実際にUSPを創るのは容易なことではありません。今日のようにモノや情報があふれている時代には、なおさらのことです。

「どこよりも安い」とうたったところで、本当かどうかは怪しいですし、競合の価格をつねにチェックしなければ、言い切ることはできません。

USPをつくるコツは、

①消費者に向けて
②「よいところ」ではなく「違うところ」を売る
③共感の得られる言葉を伝える
④信じられる正直な言葉を伝える

の4つです。

「インスタ映え」など狙ったところで長続きしません。口コミで広がるのと飽きられるのは紙一重です。

とくに「よいところ」ではなく「違うところ」というのは非常に重要です。「よい商品＝売れる商品」ではないからです。

たとえば、いまどきのテレビはどれを買っても映りはほとんど同じです。よい商品であることは、もはや売れる理由にはならないのです。

では、なぜ「違うところ」をアピールするのが大切なのでしょうか?

それは、人はいちばんや1位、唯一のものについてはよく覚えているからです。

たとえば、「世界でいちばん高い山は?」「日本でいちばん高い山は?」と聞かれても、即答できない人はいないでしょう。

ところが、「2番目に高い山は?」と聞かれると、「あれ?」となります。

このように、企業も何か「いちばん、1位、唯一」、すなわち「オンリーワン」と呼べるものがない限り、その他大勢のひとつとして忘れられてしまうのです。

三越の前身である三井越後屋は、三井高利が小さな借り店舗でスタートしました。

そのとき、江戸市民の目を奪ったのが、看板や店内の柱に大きく描かれた「現金掛値無し」のキャッチコピーでした。

教科書にも出てくる有名なキャッチコピーですが、当時は訪問販売、代金は後日の掛けが普通だったので、非常に評価され、大きな需要を掘り起こしたそうです。

この三井越後屋のキャッチコピーづくりには、江戸時代の人気作家であった十返舎一九や滝沢馬琴、希代の発明家であった平賀源内などが超一流のコピーライターとして腕を振るったとのこと。

USPは、江戸時代から存在したのです。皆さんも真剣に考えてみませんか？

15 ビジネスの「川上」と「川下」を意識する

その分野の「開拓者」になれば、大きな市場をつかめる

ビジネスを考えるうえで、つねに意識すべきなのが「川上」と「川下」です。

たとえば、クルマをつくる自動車メーカーは最も川上にいて、少し川下には部品などを供給するサプライヤー、川下にはクルマを販売するディーラーがいます。

さらには、修理工場や中古車販売店などがあり、どんなビジネスにも川上と川下があるわけです。


川上にいるほうが絶対的に有利かと言えば、必ずしもそうとは言えません。

いまの時代、ビジネスにおいては川上発想、いわゆるメーカー発想から、川下発想への転換が重要になってきているからです。

健康食品を全国で販売する「銀座まるかん」の創業者である斎藤一人氏は、著書

『斎藤一人　変な人が書いた驚くほどツイてる話』（知的生き方文庫・三笠書房）の中で次のように語っています。

たとえば、みなさんが下駄屋をしているとします。「自分は下駄屋をしている」と思うと、下駄が売れなくなると、つぶれてしまいます。

ところが、「自分は履物《はきもの》屋なんだ」と思えば、靴を売ればいい。だから下駄が売れなくなってもつぶれない。

でも、「靴屋なんだ」と思っていると、本当は靴下も売れるかもしれないし、ハンカチも売れるかもしれないし、ズボンも売れるかもしれない。

あまり自分をしばりすぎると、それしかできなくなってしまう。だから、「私は商人なんだ」と思ったほうがいいんです。

もし、ここに飢饉が起きたとします。

「商人」だったら、急にお百姓になったり、すいとんを売ったりとか、いろいろとやります。

「自分は商人なんだから、商売ならなんでもやるんだ」

と、こういう気持ちを広く持ってください。自分をあまり狭めてしまうと、いいことないんです。

なかには、こうおっしゃる人もいるでしょう、

「ウチには、昔から専門でやってきた誇りがあるんだ」

って。なるほど、たしかに「専門」でやってて、良かったときがあったんです。

でも、今の時代に「専門で」って言ったって、スーパーマーケットの大きいものがどんどんできてますよ。

自分が小さく「専門だ」とやっていても、専門でないところのほうが、たくさん品物が置いてあったりすることが起きてしまう。

そうするとイチコロで負けちゃいますからね。

商人って、「勝つ」か「負ける」かです。

まさに川下発想への転換ですね。

ところが、本来は川下の業態だったのに、お金をコントロールする川上に行った会社があります。米国のアマゾンです。

アマゾンが運営するショッピングサイトでは、出品者の売上の一部が手数料として

アマゾンに支払われます。また、広告収入や他の手数料も得ながら、アイデア次第で収益源をたくさんつくることができます。これが川上ビジネスの強みなのです。

川下でビジネスをするとコントロールが利きにくく、川上で何かルールが変われば、一気に売上が落ちることもあります。出品者は川下でビジネスをする代わりに、多くのお客さまを紹介してもらえますが、ルールに従わなければ一発退場させられてしまいます。

しかし、中小企業がアマゾンのように大きく成長して、川上企業になれるかと言えば、そう簡単ではありません。ショッピングサイトをつくっても、商品を売ってくれる出品者も集まらなければ、サイトへのアクセスもほぼないでしょう。

ただ、アマゾンも最初は書籍だけを販売していました。

わかりやすいのは、街の発展をイメージすることです。まさに「経」「営」です。

たとえば、最初は何もない場所で、湧き水だけがあったとします。それを発見した人は、天然水飲み放題でその土地に住めます。

水を求めてほかの人が来たら、その水を売ることができます。そして住む場所を提供できます。さらに食材を育て、その作物を売ることができます。

古代から文明が栄えるのは人が集まるところで、商売の基本も人がたくさん集まるようにすることなのです。

川上で荒稼ぎするには、その分野の「開拓者」になればいいのです。

コロンブスのように開拓者精神を発揮して、まだ誰の手もついていない土地（市場）を切り拓いてみませんか？

16 思い込みを捨てれば、斬新な発想が生まれる

「お金がない」「時間がない」「自信がない」は世界の3大言い訳

ビジネスを成功させるのは、気球を天高く舞い上がらせるようなものです。

気球を高く上げるためには、たくさんのエネルギーを使いますし、また持ち上げるためのノウハウも必要となります。

何よりも「高く上げよう」とする人間の強い気持ちこそが、熱やヘリウムガスに勝る大きなエネルギーであると言えます。

一方で、成功を邪魔するのも人間の気持ちです。

世界3大言い訳というものをご存じでしょうか?

「お金がない」「時間がない」「自信がない」の3つです。

大きなビジネスにチャレンジしたいけれどお金がない。新しい事業を始めたいけれど、いまの仕事に精一杯で時間がない。お金や時間はそれなりにあるけれど、成功で

きるかどうか自信がない……。

そうした言い訳が重ると、気球が上がらなくなってしまうのです。

お金も時間も、本気でひねり出そうとすれば、どうにかなるものです。自信がないのは、本気で成功しようとは思っていない心の裏返しにすぎません。

「やれば必ずできる」という自信を持てば、ビジネスは必ず成功できます。

できない理由を挙げるのは、既存のルールや常識に縛られてしまっているからかもしれません。

日産自動車を再建したカルロス・ゴーン氏は、社長に就任した際、同社の社員の能力に驚いたそうです。それは、すぐに「できない」と言いはじめ、「できない理由」を20ほど並べるのが非常に上手だったと。それに対して、ゴーン氏が「その問題をどう解決すればいいと思う?」と訊ねても、答えは返ってこなかったそうです。

世の中の仕組みや消費者の好みは決まっていて、変えようがない。だから、どんなにがんばっても、できることには限界があると思い込んでしまっているのです。

そうした思い込みも、成功を妨げる大きな原因です。

サッカーのJリーグが誕生するきっかけとなった秘話があります。

当時は、野球のようにプロ化するのは難しいという意見が多く、見送ることが決定的だったそうです。

その時、川口チェアマンが、「何でも時期尚早と言う人は10年経っても何もできない。まして、前例がないと言う人は１００年経ってもできない」と言ったそうです。

その後、川口チェアマンを中心にサッカー協会が熱心に活動した結果、Ｊリーグはプロ野球の人気低迷ぶりを尻目に、大きく成長したことは言うまでもありません。

既存のルールや常識に縛られたものの見方を「トンネルビジョン」と言います。

文字どおり、暗いトンネルの中にいるようにルールや常識に周囲を取り囲まれ、視野が狭くなってしまいます。

これに対し、物事を広い視野で見ることを「ファネルビジョン」と言います。

ファネルとは、漏斗《じょうご》のことです。細長いトンネルと違って、裾がラッパのように広がる漏斗を穴の部分から覗くと、視野が大きく広がります。

これまでの常識やルールに囚われることなく、物事を広い角度で見ると、思いもよらなかった新しい発想や斬新なアイデアが浮かんでくるものです。

プロのマジシャンで有名なマギー司郎さん。

彼のマジックは、Mr.マリックさんのような度肝を抜く斬新さはありませんが、マギーさんのトークとマジックを巧みに組み合わせた芸風は、彼独自のものです。得意なマジックは、縦ジマのハンカチを横ジマにすること。また、「板橋に〇〇って飲み屋があるの、知ってます？　そこに週5回通う常連の〇〇って人、知ってます？　その人が大好きなマジック、いまからやるから」などと、どうでもいいトークを挟みます。

じつはマギーさんの芸は、ストリップ劇場の幕間《まくあい》芸から生まれたのです。

当時、ストリップ劇場の幕間芸は1日4回。どんなに一生懸命マジックを披露しても、お客さまの反応は「無視」か「ブーイング」でした。

そもそも客が観に来ているのは見目麗しい女性であって、野暮な男がする手品など最初から興味もないのです。

しかし、ネタがなかなかウケず、「僕も人変なのよ……」と呟いたとき、かすかに笑いが起こり、それ以来、マジックとともに茨城訛りの話術に磨きをかけ、お客さまを惹きつける工夫をするようになったそうです。

本来、マジックは「タネも仕掛けもございません」と言うのがお約束ですが、「ここに手品用のハンカチがあります」と、あえて道具にタネがあることをばらします。

別の意味で衝撃的なハンカチマジックも、当時はプロのマジシャンたちから「邪道だ」と非難されたそうです。

しかし、お客さまは拍手喝采、受け入れてくれました。周りに惑わされず、業界の常識が〝真の顧客志向〟とは限らないということを、身をもって証明したのです。

もちろん、長年の間に築き上げられたルールや常識を打ち破るのは、そう簡単なことではありません。

遠征先で食糧補給に悩まされていたナポレオンの指示により、缶詰が発明されたと言われています。しかし、そのときはまだ缶切りは発明されていません。開封は銃剣でこじ開けたり、金槌と鑿《のみ》を使ったり、中には拳銃をぶっ放す人もいたとか。当時は、それが当たり前だったのでしょう。それが、いまでは缶切りさえ必要なく、プルトップで開くようになっています。

もう何年かすれば、「クルマは昔、電気ではなくガソリンを入れて走っていた」と言われるようになるでしょう。それどころか「クルマは昔、人が運転していた」と言われる時代が来ようとしています。

これらの歴史を振り返ると、既存のルールや常識から抜け出すことは、いかに難しいことなのかがわかります。

しかし、いまの時代は、新しいテクノロジーの登場や、人々の価値観の変化によって、既存のルールや常識は大きく変わりはじめています。そのうえ変化のスピードは、年を追うごとにどんどん速まっていくでしょう。

いまこそ思い込みを捨て、「ファネルビジョン」を持って、市場に向き合っていくべき時期だと言えます。

子ども向けのものをつくるときは子どもの目の高さになり、介護のものをつくるときは目隠しをしたり、背をかがめてみたりと、思い込みを捨てるには視点を変えてみると視界が広がるかもしれません。

「成功」という気球を空高く上げるためにも、広い視野を持ってビジネスにチャレンジしてください。

17 戸をしつこくノックする人こそが、いつかはそこに入れる

ユダヤ人の商売に対する気迫と執念

ユダヤ人のことわざに「戸をしつこくノックする人こそが、いつかはそこに入れる」というのがあります。ユダヤ人が並はずれて金儲けがうまいのは、商売に対するすごい気迫と執念にあるようです。

我々の感覚だと、量産された製品をできるだけ多く、しかもなるべく高く、これを買いに来た客に売るのがいちばん儲かると考えます。

しかし、ユダヤ人のビジネスとは「自分が」取り扱っていない商品を見つけてきて、それを欲しがっていない人に売ること」だそうです。ユダヤ人が総じて「粘り強い」とされるのは、言い換えれば「しつこさ」ということです。

しかし、彼らの手法は「しつこさ」であり、「押し」とはまったく違います。強引に自分の意思を通すのではなく、あくまでもタイミングを見計らい、論理を尽くしな

がら説得を図るのだそうです。

たとえば人生において2番目に高い買い物だと言われる生命保険。その保険営業において、成約までに必要なお客さまとの平均接触回数は8回程度と言われています。外資系の場合は平均して3回だそうです。

そこで、ある保険会社の支店長は、部下の営業マンたちが8回以上、お客さまと接する機会を設けるために、次のような戦略を練りました。

まず、お客さまを招いてのホテルでの講演会を企画しました。

そして1回目は、パーティへのお誘いのため営業マンにあいさつに行かせ、2回目は著名人が講演に来ると伝えに行かせ、3回目は交通手段を聞きに行かせ……と、用件を小出しにして営業マンがお客さまに会いに行く理由を無理やりつくったのです。

その結果、毎回「また保険の話か……」と言われなくてすむようになったのです。

家族全員の誕生日を知っていて、花束を届けるのもそのためです。

もちろん、きっちり8回目で成約が取れるとは限りませんが、数多く接触することがお客さまとの距離が縮まり、一歩ずつ成約のチャンスに近づいていくことは間違いありません。

ビジネスには粘り強さが肝心です。戸をしつこくノックする人こそが、いつかはそこに入れるのです。

18 毎日やり続けないと、成果は一瞬にして止まる

販売不振の原因はマーケティングにあり

企業が倒産する原因をたったひとつ挙げるとすれば、それは「販売不振」です。

中小企業庁や帝国データバンクのデータで実証されていますが、毎年のように倒産原因のトップは販売不振で、商品が売れずに多くの企業が倒産していきます。

いまや中小零細企業や商店までが、マーケティングを考えなければならない時代になりました。

マーケティングとは、「お客さまが求める商品やサービスをつくって、その情報を届けて、その商品を効果的に買ってもらうようにする活動」のすべてを指します。

もっと細かく言えば、企画、開発、設計、ブランディング、市場調査、価格設定、広告、宣伝、流通、店舗の設計、営業、集客、接客、顧客管理などで、すでにすべての企業が何らかの形で行なっているはずです。

販売不振に陥っている会社は、そのやり方に問題があるか、もしくはいまだ成果が上がっていないかのどちらかなのです。

マーケティングの成果を上げるためには、とにかく「やり続ける」ことが大切です。たとえば、大きな石臼を回すのに人は何度もいろいろな方法で石臼を押します。押したり、また反対側に押したり。すると、ある瞬間に石臼がちょっと動きます。その少し動いた瞬間にも押し続けることで、石臼が少しずつ動き出します。そのまま押し続けると、だんだん動きが速くなります。そしてあるところから、そんなに強く押さなくても石臼は動き続けるようになるのです。

さて、ここで問題です。

どの「ひと押し」が石臼を動かすことに決定的な影響をもたらしたのでしょうか？

①初めのひと押し
②2回目
③ピクリと動いたとき
④動き出したとき

⑤スピードが上がったとき

ほとんどの方はお気づきだと思いますが、答えは「すべて」です。マーケティング活動も同じで、大きな成果を出すための決定的な「ひと押し」が何なのかはわかりません。すべてが必要なのです。

大切なのは、毎日のあらゆる活動（ひと押し）です。

毎日、毎日やり続けないと、成果は一瞬にして止まってしまうのです。

職業柄、たくさんの人から「いま、どんな業種が儲かっていますか？」と訊かれます。しかしよく考えると、その質問は「何を売れば儲かるか」という安易な発想ともとれます。

しかしビジネスにおいては、何をつくろうか、何を売ろうかではなく、お客さまが何を欲しがっているか、何を買おうとしているかをつねに考えなければなりません。

販売不振に悩んでいる社長さんは、ぜひそのことを思い返して、日々のマーケティング活動に力を注いでください。

おわりに

本書を最後までお読みいただき、ありがとうございます。

おかげさまで、私が代表を務める税理士法人は2018年7月、父の創業から数えて50周年を迎えました。

「赤字はあかん。会社は絶対、黒字にせなあかん」

という父の考えを受け継ぎ、本業の税務・会計だけでなく、経営やマーケティングのアドバイスも提供して、顧問先の9割を黒字化するという実績を上げました。

この本には、父から私に至る50年の歴史の中で培った、黒字化のための考え方やノウハウが凝縮されています。

読者の皆さんには、資金繰りに困ったとき、売上が伸びなくなったとき、新しい事業を始めようと思ったときなど、折々にこの本を読み返していただき、参考にしていただければ幸いです。

いろいろなことを書いてきましたが、読者の皆さんにひとつお願いしたいのは、ぜひ、

「経営の〝王道〟を歩んでいただきたい」

ということです。

本文中にも書きましたが、納税額を抑えるために赤字決算にしたり、融資の審査のために利益を水増ししたりするというのは、絶対にあってはならないことです。

経営の〝王道〟とは、すなわち、経営者として「してもいいこと」にほかなりません。

すべての取引は、簿記でいう仕訳をして帳簿に記録されますが、それはすなわち、経営者が「してもいいこと」と「してはいけないこと」の仕分けをした結果なのです。この「仕分け」がきちんとできるようになれば、おのずと黒字化は果たせるものと信じています。

皆さんの会社が1日も早く黒字化を果たし、発展されることを願ってやみません。

2018年7月

日野上達也

［著者略歴］
日野上達也（ひのかみ・たつや）
税理士法人日野上総合事務所代表社員。関西大学商学部卒業。平成10年、税理士登録。税務申告業務はもちろん、決算診断や事業計画など、中小企業の経営コーチとして幅広い提案を行なう。また、セミナー講師としても活躍。著書に『サラリーマンのための相続トラブル対策』（共著・幻冬舎）などがある。
平成30年7月、創業50周年を迎えた日野上総合事務所は、経営方針として「赤字決算にはハンコをつかない」というモットーのもと、10年連続黒字申告90%以上を継続中。

あなたの会社は必ず黒字化できる!
社長のための「儲けを出す」50の心得

2018年7月11日　第1刷発行

著　者――――――日野上達也
構　成――――――渡辺賢一
発行所――――――ダイヤモンド社
〒150-8409　東京都渋谷区神宮前6-12-17
http://www.diamond.co.jp/
電話/03-5778-7235（編集）　03-5778-7240（販売）
本文イラスト――――浜畠かのう
装丁&本文デザイン――加藤杏子（ダイヤモンド・グラフィック社）
製作進行――――――ダイヤモンド・グラフィック社
印刷・製本―――――勇進印刷
編集担当――――――久我　茂

ISBN 978-4-478-10540-5